स्कूल की हिन्दी

[निबन्ध चयन]

स्कूल की हिन्दी

(शिक्षा और संस्कृति विषयक निबन्ध चयन)

कृष्ण कुमार

राजकमल प्रकाशन

ISBN : 978-81-267-0279-4

मूल्य : ₹495

पहला संस्करण : 2001
छठा संस्करण : 2025

प्रकाशक : राजकमल प्रकाशन प्रा.लि.
1-बी, नेताजी सुभाष मार्ग, दरियागंज
नई दिल्ली-110 002
शाखाएँ : अशोक राजपथ, साइंस कॉलेज के सामने, पटना-800 006
पहली मंजिल, दरबारी बिल्डिंग, महात्मा गांधी मार्ग, प्रयागराज-211 001
1, अनमोल सोराबजी सन्तुक लेन, धोबी तलाव, मरीन लाइंस, मुम्बई-400 002
वेबसाइट : www.rajkamalprakashan.com
ई-मेल : info@rajkamalprakashan.com

मुद्रक : बी.के. ऑफसेट
नवीन शाहदरा, दिल्ली-110 032

SCHOOL KI HINDI
by Krishna Kumar

पंडित कृष्णकिशोर द्विवेदी के लिए

भूमिका

कला, साहित्य और भाषा के सवाल आमतौर पर शिक्षा से दूर रखे जाते हैं। इस परिपाटी ने शिक्षा की बहसों को बहुत सूखा और सँकरा बना दिया है। दूसरी तरफ़ शिक्षा की वीरानी से अछूती रहनेवाली साहित्य-चर्चा या कला-समीक्षा भी कम संकीर्ण नहीं है, उथली तो है ही। खासकर हिन्दी प्रांतों के सन्दर्भ में सोचें तो शिक्षा और सौन्दर्य के रचनाजगत के बीच संवाद की कमी एक बड़ी बीमारी जैसा असर पैदा कर सकी है। मैं इसे अपनी खुशकिस्मती मानता हूँ कि पेशे से शिक्षक, वह भी शिक्षणशास्त्र का शिक्षक, होने के बावजूद मैं उस परिधि से कट नहीं गया जिसके भीतर नाटक होते हैं, चित्रों पर चर्चा होती है, कविता समझी जाती है। उस सुन्दर संसार को स्कूल और कॉलिज में दाखिला देने की मनाही किस-किस स्तर और आधार पर की जाती है, यह जानने और सोचने में मेरी दिलचस्पी बराबर रही है। इस पुस्तक में शामिल निबन्ध व लेख इसी रुचि के ताज़े, फुटकर फल हैं।

तीन-चार लेख इतने ताज़े नहीं हैं—'हास्य की सामर्थ्य' *दिनमान* के लिए और लक्ष्मण के कार्टून व सर्कस वाले लेख *इतवारी पत्रिका* में छपे थे—पर यहाँ प्रस्तुत ज़्यादातर सामग्री पिछले आठ-दस सालों में रची गई। इसमें एक तरफ़ *बहुवचन* और *पूर्वग्रह* जैसी अकादमिक जगहों के लिए लिखे गए लेख हैं, तो दूसरी तरफ़ अखबारों के लिए लिखी गई टिप्पणियाँ हैं। लेखन-वर्ष मैंने जान-बूझकर नहीं दिया है, हालाँकि कई लेखों में किसी घटना या 'हाल के वर्षों' का सन्दर्भ आने से एक निश्चित समय-बिन्दु का बोध होता है। अस्सी के दशक का उत्तरार्ध और नब्बे का पूरा दशक मिलकर एक काल-खंड कहलाने लायक पहचान का दावा करते हैं। इस दावे की जाँच किसी-किसी टिप्पणी की सतह पर की जाना सम्भव है, पर मेरा इरादा कम से कम इस संग्रह में कुछ ऐसे मुद्दों को छूने का था जो काल-सन्दर्भ से जुदा भी महत्त्व रखते हैं। ऐसा सबसे बड़ा मुद्दा हमारी भाषा हिन्दी के स्कूली रूप का है। यह रूप एक साथ कितना अलक्षित, महत्त्वपूर्ण और भद्दा है, इस बात को अपने पाठकों के ध्यान में लाने

के लिए ही मैंने 'स्कूल की हिन्दी' शीर्षक पूरे संग्रह के लिए चुना है। मुझे आशा है कि इस चुनाव से उन टिप्पणियों को नुकसान नहीं होगा जो शिक्षा को साम्प्रदायिकता और स्त्री के प्रति क्रूरता जैसे विषयों से जोड़ती हैं।

हिन्दी दिवस, 2001

कृष्ण कुमार

क्रम

स्कूल की हिन्दी

शिवम् की रचना

सरकारी नौकरी करनेवाली शिक्षित माँ और उसके तीन साल के बेटे के बीच संवाद मुझे इत्मीनान से सुनने को मिला। वे दोनों मेरे सामने की सीट पर सवार थे और हमें इसी गाड़ी में पूरी शाम, रात और सुबह गुजारनी थी। ऐसे अवसर कम ही मिलते हैं जब हम माँ और बच्चे का संवाद परिवार के अन्य सदस्यों की उपस्थिति को बाहर रखकर कई घंटों तक सुन सकें। जरूर इन सदस्यों—विशेषकर पिता—की मौजूदगी में भी माँ-बेटे का संवाद हमें समाज के सांस्कृतिक मौसम की कई रोचक जानकारियाँ दे सकता है, पर माँ और बच्चे के संवाद भी सम्पूर्ण एकान्त में एक अलग ही ढंग से खुलते हैं। मेरा सौभाग्य था कि यह एकान्त रेलगाड़ी ने रचा था। सफर में समाज का आभास हमारे गिर्द फैला रहता है, पर उसी आभास के बीचोंबीच हम अकेले बैठे रहते हैं। मित्र या रिश्तेदार हमारे साथ हों तो उन्हें मिलाकर हम एक अकेली इकाई की तरह अलग ही रहते हैं भले ही हमारी आपसी बातचीत में इर्द-गिर्द खड़े-बैठे-लेटे समाज का आभास बुना रहता है। एक मध्यमवर्गीय माँ और उसके बेटे शिवम् का जो संवाद मुझे एकदम उनके सामने बैठकर सुनने को मिला, वह मेरे लिए कुछ विशेष मूल्यवान इसीलिए बना क्योंकि उसमें समाज के नमूने के नाते स्वयं मेरी और रेल के डिब्बे में छाए सामान्य समाज की बारीक शिरकत थी। संस्कृति के निरन्तर बदलते-बनते जीवन को चैन से देखने का इससे बेहतर कोई अवसर और तरीका शायद ही हो।

एक और लाभ मुझे समय का मिला। बच्चों और बड़ों को साथ-साथ देखने का मौका प्रायः विशेष अवसरों पर या फिर दिन के एक खास समय ही मिलता है। शादी जैसे विशेष अवसर पर बड़े अपने आस-पास मँडराते फुदकते बच्चों को इस अन्दाज में पुकारते हैं जैसे आज की शाम उन्हें प्रायद्वीप में बिखरे कुटुम्ब को फिर से जोड़ देना है। बड़े-बूढ़ों से छोटे बच्चों का नाम, पिता, चाचावाला परिचय कराते हुए बीच वाली पीढ़ी के स्त्री-पुरुष थोड़ी देर के लिए इस हौसले से भर उठते हैं कि वे भूमंडल की विराटता के बीच अपने वृहद् परिवार की छोटी सी पहचान और एकता अक्षुण्ण रख लेंगे। इस उत्फुल्ल माहौल में बच्चों से होनेवाला बड़ों का संवाद दरअसल संवाद नहीं, एक तरह की धार्मिक कार्यवाही होता है। इस कार्यवाही को ध्यान से देखकर हम संस्कृति के स्थायी भावों को भले पहचान लें, उन संचारी भावों को नहीं पकड़ सकते जो लगातार नए-नए राजनैतिक समीकरण बनाकर परिवर्तन का इस समय गुज़रता हुआ इतिहास रचते हैं।

इसी से मिलती-जुलती सीमा उन मुलाकातों की है जो शहरी जीवन की धक्काधकाई के बीच किसी-किसी शाम अब भी हो लेती हैं और कुछ परिवारों में बची हुई परम्परा या चिन्ता के कारण बच्चों की उपस्थिति में होती हैं। मेरे बचपन के दिनों में इस बात को पारिवारिक संस्कृति के कानून का दर्जा प्राप्त था कि जब कोई मेहमान शाम को आए तो माता-पिता के अलावा बच्चे भी बैठें। टीवी तब नहीं आया था। शाम के समय किसी के घर जा बैठना आम बात थी। अब मध्यम वर्ग के शहरी क्या, कस्बाई जीवन में भी इस किस्म का आना-जाना रोज़मर्रा की बात नहीं रही। जब कोई जाता भी है तो यह उम्मीद नहीं की जाती कि बच्चे भी उसकी बातें सुनेंगे या कुछ बोलेंगे। कुछेक परिवारों में वे अभिवादन करके और गालों या सिर पर मेहमान की कोमल चपत का स्नेह खाकर अपने कमरे में लौट जाते हैं जहाँ उन्हें शैशव काल से इम्तहानों की तैयारी करनी होती है। वे यदि मेहमान की उपस्थिति में बैठते भी हैं तो टीवी के कारण जो, मेहमान हो न हो, सदा खुला रहता है और जगत की छायाएँ पलट-पलटकर दिखाता रहता है।

ऐसे अवसरों पर बच्चे और माँ के बीच बँधा तार देखना एक बाहरी आदमी के लिए बहुत ही मुश्किल है, इसलिए वह प्रयास मैं करता भी नहीं हूँ। कहीं बेहतर होता है कि इतवार के दिन पार्क की घास पर लेटकर पास में पिकनिकाते परिवार के शब्दों पर कान लगाया जाए या फिर बस अथवा रेल में शिवम् और उसकी माँ की तरह कोई मिल जाए जो मेरी अजनबियत को समेटकर चलती हुई गाड़ी की निश्चिन्त शाम और सुबह-भर अपने निजी संवाद को सार्वजनिक होने की इजाज़त दे दे। इस इजाज़त में कोई संस्थायी औपचारिकता नहीं होती। हो भी क्यों ? यदि मैं किसी के संवाद से अपने समाज को बेहतर समझ पाता हूँ तो उस समझ को लिखकर बाँटना एक स्वाभाविक काम होना चाहिए—उतना ही स्वाभाविक जितना शिवम् से उसकी माँ का संवाद था। शिवम् के सामाजिक स्वभाव की रचना जिन नैतिक श्रेणियों की स्थापना के जरिए हो रही थी, वे गढ़ी जाती श्रेणियाँ नहीं थीं, पूरे सामाजिक जगत में व्याप्त श्रेणियाँ थीं। एक सामान्य मध्यमवर्गीय माँ के शब्दों से हुई उन श्रेणियों की पुनर्रचना उतनी ही महत्त्वशाली घटना थी जितनी किसी देश के खोए हुए आत्मबल के राजनैतिक जुगाड़ के लिए अणुबम का विस्फोट करवा देना।

उस संवाद का वृहत्तर हिस्सा माँ की टिप्पणियों की शक्ल में था। शिवम् अपनी तरफ से न कुछ पूछता था, न बताता था। संवाद में उसकी भागीदारी तरह-तरह की हरकतों से टिप्पणियों को उद्दीप्त करने में थी। हम कह सकते हैं कि शिवम् अपने हाथों से अपने आस-पास के नैतिक जगत को छूने या उलटने-पुलटने की कोशिश करता था और शिवम् की माँ इन कोशिशों को अपनी टिप्पणी का विषय बनाकर शिवम् की मानसिक रचना करती चलती थी। माँ की टिप्पणियाँ संक्षिप्त थीं—अक्सर एक विशेषण और प्रश्न में सिमटी हुई। माँ के ये विशेषण और प्रश्न शिवम् की हरकतों का वर्गीकरण करते चलते थे। शिवम् के हाथ जैसे ही किसी चीज को छूने के लिए आगे बढ़ते थे,

माँ के शब्द दो सम्भावित टिप्पणियों का आकार लेने लगते थे। मोटे तौर पर मुझे लगता है कि माँ की टिप्पणी के इन दो वैकल्पिक रूपों को हमें दो तरह की बोध योजना मानना चाहिए, पर थोड़ा गहराई से सोचूँ तो मुझे इन दो बोध योजनाओं के बीच एक गहरा सम्बन्ध नज़र आता है।

शिवम् का हाथ जब किसी दिशा में आगे बढ़ता था तो इस बात की काफी सम्भावना थी कि माँ की टिप्पणी सबसे पहले शिवम् की इस हरकत को *गन्दा* करार दे। शुरू-शुरू में मुझे लगा कि शिवम् कुछ भी छुए या छूने के लिए अपना हाथ बढ़ाए, माँ इस कोशिश में संलग्न शिवम् को *'गन्दा'* ही बताएगी। बच्चा जब हाथ बढ़ाएगा तो किसी-न-किसी चीज़ को छुएगा ही। मैंने पाया कि वह चीज़ सीट हो या खिड़की की सलाख हो, टिफिन का डिब्बा हो या जूता हो, उसे छूकर शिवम् *'गन्दा बच्चा'* ही कहलाएगा। रोचक बात थी कि माँ चीज़ों को *'गन्दा'* नहीं बता रही थी, उन्हें छूते हुए बच्चे को *'गन्दा'* बता रही थी। आशय यही दिखता था कि अपने आस-पास की कोई भी चीज़ छू लेने से शिवम् *'गन्दा'* हो जाएगा; यानी वह तभी तक गन्दा नहीं है जब तक वह अपने आप में सिमटा हुआ बैठा है। संसार की हर चीज़, जो उसे अपनी ओर खींच रही है, उसे *'गन्दा'* कर देगी।

शाम बढ़ जाने पर मैंने पाया कि माँ की टिप्पणियाँ इतनी एकायामी नहीं हैं जितनी मुझे शुरू में लगी थीं। रेलगाड़ी के बैरे ने भोजन के लिए मेरा ऑर्डर ले रखा था। भोजन आया तो शिवम् मेरी थाली देखकर आकर्षित हुआ। मेरा अन्दाज़ है कि वह विशेषकर चाँदी रंग के उस कागज़ से आकर्षित हुआ था जिससे दाल, सब्जी और चावल ढँके रहते हैं। जैसे ही शिवम् का हाथ चाँदी की तरफ़ बढ़ा, उसकी माँ ने एक नई तरह की टिप्पणी की जिससे मुझे माँ की समीक्षादृष्टि समझने में यकायक भारी मदद मिली। माँ के शब्द थे—"*गन्दा बच्चा* अंकल की चीज़ छूता है।" कौन सी चीज किसकी है, यह प्रश्न शिवम् के लिए उसकी माँ ने कितना बुनियादी माना है, यह बात मेरे लिए अब लगातार खुलती गई और सुबह तक इतना खुल गई कि मुझे शिवम् की माँ का परिप्रेक्ष्य पूरी तरह समझ में आ गया। शिवम् उन तमाम चीजों को हाथ लगाते हुए *'गन्दा'* बनता था जो *'उसकी'* नहीं, किसी और की थीं। मैंने जान लिया कि शिवम् की माँ द्वारा इस्तेमाल की जा रही बोध योजना में निहित नैतिक बोध वास्तव में सम्पत्ति बोध का अंग था। कुछ चीजें ऐसी थीं जिन्हें छूकर शिवम् *'अच्छा'* बना रह सकता था। ये चीजें उसकी अपनी चीजें थीं। एक झुनझुना था, एक टेलीफोन था, उसका अपना अलग प्लास्टिक का एक गिलास था। इन चीजों को छूने की इजाज़त उसे प्राप्त थी। ये चीजें उस जगत से अलग थीं जिन पर किसी अव्यक्त सत्ता का अधिकार था, *'अंकल'* यानी मेरा या पास में बैठी एक आंटी का। कई बार ऐसा हुआ कि कोई चीज जो रेलवे की थी, शिवम् के स्पर्श से बचाए जाने की खातिर उसकी माँ के शब्दों में *'अंकल'* की हो गई। आशय यही थी कि शिवम् उन चीजों को छूने की इच्छा से *'गन्दा'* हो जाता है जो उसकी अपनी नहीं हैं यानी उसकी माँ ने उसी के लिए नहीं खरीदी हैं।

संसार में फैली चीजों को छूकर स्वयं *'गन्दा'* हो जाने का विकल्प अब मेरे लिए स्पष्ट हो गया। विकल्प यह था कि उन्हीं चीजों को छुआ जाए जो *'अपनी'* हो चुकी हैं। शिवम् के नैतिक प्रशिक्षण की यह भीतरी परत निश्चय ही बहुत कुछ सोचने-समझने की प्रेरणा देने वाली थी। अव्वल तो स्पर्श का अपना शास्त्र कम महत्त्वपूर्ण नहीं है, तिस पर उसका यह आधुनिकीकरण या बाज़ार की अर्थ-व्यवस्था में प्रवर्तन। स्पर्श के कारण स्वयं अपवित्र हो जाने की आशंका जाति-व्यवस्था का, विशेषकर उसके वर्ण व्यवस्था से सम्बन्ध का, एक पाया रही है। मैं अपने स्पर्श से किसी दूसरे को गन्दा कर दूँगा, इस भौतिक सम्भावना की जगह वर्ण की अवधारणा ने स्पर्श करनेवाले के स्वयं गन्दा हो जाने की सम्भावना को वरीयता दी। शायद इस मनोवैज्ञानिक व्यतिक्रम का ही एक रूपाकार वह इत्मीनान है जिसके साथ लोग मिठाई की दुकान पर रखी मिठाइयों को छू-छूकर पता लगाते हैं कि वे ताज़ी हैं कि नहीं। उन्हें इस बात की चिन्ता नहीं होती कि मिठाइयाँ उनके स्पर्श से प्रदूषित हो जाएँगी। जाति व्यवस्था ने यह मनोविज्ञान सवर्णों और अछूतों के सन्दर्भ में रचा। शिवम् के मनोजगत की रचना उसकी माँ स्पर्श की मदद से अपने और पराए का भेद सिखाकर कर रही थी। उसके इस प्रयत्न में हम एक रीतिबद्ध सोच का नई संवेदना में प्रवेश देख सकते हैं। माँ-बेटे के संवाद का यह फलक हमें इस रहस्य का एक हल दे सकता है कि जाति की मानसिकता लाख परिवर्तनों के बावजूद क्यों जीवित है—और वह भी शिक्षित मध्यमवर्ग में।

शिवम् और उसकी माँ के संवाद का तीसरा खंड खाने-पीने से सम्बन्धित था। लालन-पालन का यह वह क्षेत्र है जहाँ माँ का जवाब और बच्चे की स्वायत्तता का पूर्ण तिरस्कार आम मध्यमवर्गीय घर के दैनिक रिवाज़ में अच्छी तरह स्थापित चले आए हैं। माताएँ सोचती हैं कि उनकी मनुहार के बावजूद बच्चा खाएगा या पिएगा नहीं, तो कमजोर हो जाएगा या शायद भूखा भी मर जाए ! उधर बच्चा बहुत जल्दी समझ लेता है कि माँ से लड़ने और अपनी ताकत आजमाने के लिए दूध के गिलास या रोटी से बेहतर कोई युद्धभूमि नहीं। शिशु का यह राजनैतिक प्रशिक्षण देश में लोकतन्त्र की स्थापना से पहले से चला आ रहा है, वरना मैं इसे भारतीय लोकतन्त्र के सूक्ष्म आधारों में से एक मानने में संकोच न करता। लेकिन शिवम् की माँ ने भोजन की युद्धभूमि को एक और ही स्तर पर पहुँचा दिया था। शिवम् पर दबाव बनाने के लिए वह हर चीज के बारे में कहती थी—*"इसे फिनिश करो, नहीं तो मम्मी फिनिश कर देगी।"* उसकी इस धमकी का अभिप्राय स्पष्ट था। हर चीज लगातार *'फिनिश'* की जाने की प्रक्रिया में है; या कि शिवम् आगे नहीं बढ़ेगा तो कोई और *'फिनिश'* कर देगा। यहाँ तक कि शिवम् की माँ ने मुझे भी *'फिनिश'* करने पर आमादा शक्तियों में शामिल कर लिया। जब शिवम् पानी पीने में आनाकानी करने लगा तो उसकी माँ ने कहा— *"जल्दी करो, नहीं तो अंकल फिनिश कर देंगे।"*

उपभोग की चीजों के खत्म हो जाने का डर भौतिकवाद, विशेषकर उसके पूँजीवादी संस्करण, का अनिवार्य अंग है। चीजों के कम पड़ जाने का डर इसी बड़े डर का अंग

है और कौन कह सकता है कि वह रोज किसी-न-किसी वस्तु या अवसर के सन्दर्भ में इस डर का अनुभव नहीं करता ? दिल्ली हो या कोई छोटी जगह, मध्यमवर्ग का मन सुबह से इस डर से जूझता है कि आज पानी आएगा या नहीं, बिजली आएगी, दूध मिलेगा ? फोन, सफ़र, सन्देश, स्वास्थ्य जैसी तमाम चीजों को लेकर मन व्याकुल रहता है और किसी-न-किसी तरह के आरक्षण की तरफ भागता है। हर सन्दर्भ में चिन्ता एक सी होती है—कि मेरे दावे से पहले किसी और का दावा सफल न हो जाए। रेल की सीट हो या अस्पताल का बिस्तर, नल का पानी हो या कॉलेज की सीट, हर चीज प्रतिद्वन्द्विता के घेरे में है। जिन्दगी का हर क्षण, शरीर का हर अंग, सामाजिक सम्बन्धों की बुनावट का हर फन्दा कह रहा है—मुझे उपभोग की सुविधा दो; चेतो, मेरी सुविधा कोई दूसरा न छीन ले। पानी पड़ोसी के नल में न चला जाए, इसके लिए टुल्लू पम्प से पानी खींच लो। जल्दी करो, अपनी फ़ाइल ढेर में सबसे ऊपर रखवाने के लिए कमर कस लो। खिड़की खुलते ही नहीं, खुलने के घंटों पहले पहुँच जाओ, तभी टिकट तुम्हारा हो सकता है। इतने भीषण अभावबोध से ग्रस्त संसार में शिवम् का यह प्रशिक्षण उचित ही है कि वह अपने हिस्से के चावल इसलिए जल्दी खा ले कि कहीं मम्मी न खा जाए।

पर बेटे और माँ के बीच यह स्पर्धा सिर्फ अभावबोध की दीक्षा नहीं है। अभावबोध की भीतरी परत में समय की दीक्षा भी है जो उपभोग से पहले अस्तित्व की बात करती है। चीजें *'खत्म'* हो रही हैं तो सिर्फ इस कारण नहीं कि हमारे पहले कोई और उनका उपभोग किए ले रहा है। चिन्ता तो पुरानी है, तभी कौमार्य पर इतना ज़ोर रहा है हालाँकि उसमें और भी पहलू हैं। आज की नई बात उपभोग को अस्तित्व से जोड़ने में घटी है। उपभोग कोई तभी करेगा जब जीवित रहेगा, इसलिए प्रतिद्वन्द्वी उपभोक्ता को शत्रु मान लो और उसे खत्म कर दो। दरअसल, यह कथानक भी पुराना ही है, पर आज वह पहले से कहीं ज्यादा क्षिप्र हो उठा है। अभी के कारगिल प्रसंग में कहे गए हज़ारों विवेचनीय वाक्यों में से एक जो हमारे शीर्षस्थ नेताओं ने बोला, यह था कि हम पाकिस्तान के परमाणु हमले के लिए *'तैयार'* हैं। ज़ाहिर है, तैयारी से अभिप्राय परमाणु हमले की विकरालता सहने की ताकत से नहीं था। आशय था कि पाकिस्तान हम पर परमाणु हमला करने से बाज़ आए क्योंकि यदि वह करता है तो हम भी करेंगे। हम एक-दूसरे को *'फिनिश'* कर सकते हैं; यही हमारी एक-दूसरे को ज़िन्दा देखने की सामर्थ्य का आधार है।

शिवम् इसी तरह की सहिष्णुता में दीक्षित हो रहा है। उसके समाजीकरण के इस पहलू की प्रासंगिकता से चिन्तित होना व्यर्थ है। यदि हम चाहें कि सहिष्णुता का अहसास उसे अपेक्षाकृत अधिक उदार रूप में मिले तो उसके लिए शिवम् की माँ से अपील करना व्यर्थ होगा। शिवम् की माँ पर असर डालने के लिए हमें पहले भारत और पाकिस्तान दोनों के परमाणु कार्यक्रम स्वेच्छा से खत्म कराने होंगे। यह काम कठिन है पर शिवम् की माँ को मनाने से ज्यादा आसान है। दोनों देशों के बम आज ढीले कर दिए जाएँ तो बीस साल बाद शिवम् जैसे किसी और बच्चे की माँ उसे किसी और शैली में खाने

के लिए मनाएगी। आजवाली माँ के सन्दर्भ में चिन्ता के योग्य शिवम् के समाजीकरण का पहला हिस्सा है। चीजें छूकर *'गन्दा'* हो जानेवाली बात कुछ ज्यादा ही बासी है। वह उस ज़माने से जुड़ी है जब बड़े होने और संसार को समझने के लिए चीजें छूना जरूरी नहीं माना जाता था। वर्ण ज्ञान से सम्बन्धित जातीय युवा स्मृतियों के सहारे यह बात आज की एक माँ तक पहुँची है। यह पत्ती सूखकर कब की गिर जानी चाहिए थी, पर अभी तक लटकी है।

बचना-मरना, रचना

लगभग एक वर्ष से मैं श्रीकान्त वर्मा की इस पंक्ति से लड़ रहा हूँ : जो बचेगा, कैसे रचेगा। यह लड़ाई अभी जारी है, पर कुछ बातें करने लायक हालत में जुट गई हैं। कभी हम बचने के लिए साहित्य रचते और पढ़ते हैं, कभी मरने के लिए। जब हमें लगता है कि हम जरूरत से ज्यादा बच लिए—यानी कि मरने का डर व्यर्थ था, अभी जीवन और है—तो मरते हुए लोगों, खासकर प्यारे साथियों, को देखकर हमारे मन में अपराध का बोध जागने लगता है और हमें लगता है कि हमें भी मरने का जोखिम उठाना चाहिए। बहुत-सा साहित्य इस भाव के सहारे रचा गया है और पढ़नेवाले के लिए भी वह इसी भाव की सृष्टि करता है। अच्छी कविता तो अधिकांशतः यही करती है। वह कविता ही क्या जो हमें घर से निकालकर सफ़र की असुरक्षाओं का रोमांचकारी सुख न दे ? पर अच्छे गद्य से भी यह अपेक्षा करना गलत नहीं है। वह अपने क्षणिक चमत्कारों से हमारे माने हुए सचों को चोट पहुँचाता है और इस कारण बीमारी के बादवाले दिनों की सावधान सक्रियता पैदा करता है। अब यह स्वास्थ्य लाभ के आकांक्षी पर है कि वह उस पार जाएगा या इसी पार रहेगा। गद्य का औपन्यासिक या कहानी रूप भी प्रायः यह भूमिका निभाता है और अकेले बचे रहने के त्रास के दिनों में घायलों और मरनेवालों की संगत का आनन्द देता है। अकेलेपन का अहसास जीवन-समर में पुनर्प्रवेश से दूर होता है, वह सांकेतिक हो या व्यावहारिक। मैं ही क्यों रह गया, सबके साथ क्यों नहीं चला गया—यह भावना बचपन से लेकर वृद्धावस्था तक हमें उन क्षणों में सालती है जिनमें हम अपनी तैयारी, परिस्थिति या संयोगवश बचे रहते हैं।

उधर उल्टे क्षण भी हैं, बल्कि उतने ही बहुसंख्य और सघन हैं। इन उल्टे क्षणों में हम इस बार किसी तरह बच जाने की आशा में जीते हैं। इस आशा के धुँधले प्रकाश के सहारे हम खत्म हो जाने के डर के बीच दोस्तों के बीच घिर जाना चाहते हैं, उन्हें लिखते हैं, फोन करते हैं और यदि वे फिर भी हमसे बेरुख बने रहें तो उन्हें याद करके काम चलाते हैं और याद करने के बहाने ही उनसे लड़ते, शिकवा करते हैं। "घर जब बना लिया तिरे दर पर कहे बिगैर, जानेगा अब भी तू न मिरा घर कहे बगैर"—यह बात ग़ालिब ने इसी मानसिक प्रसंग में कही है। दोस्ती, प्रेम, जिज्ञासा, याद, रचना : ये सभी जीने के साधन हैं जिनकी जरूरत और मौजूदगी का सन्तोष हमें बचने की इच्छा के सान्द्र पलों में सबसे ज्यादा होता है। साहित्य की उपस्थिति का बोध भी ऐसा ही

एक साधन है। साहित्य है, यह विश्वास इस ख्याल की उपज है कि मेरे पहले भी लोग इस विपत्ति से गुज़रे हैं जिससे मैं और मेरी दुनिया आज गुज़र रही है। मेरा विपत्तिबोध न्यारा है, यह भावना विपत्ति को अर्थ और उसे झेलते हुए स्वयं को महत्त्व देती है; विपत्ति की मेरी पहचान न्यारी है, पर मैं न्यारा नहीं हूँ, यह भाव हमें विपत्तिबोध के समय दूसरों की ओर आकर्षित करता है। उनकी कविता या कथा सुनना हमारे दुःख को घटाता नहीं है, दुःख झेलते हुए किसी के साथ होने का सुख पैदा कर देता है। निश्चय ही बहुत-सा साहित्य यह भूमिका निभाता है और इसमें वह साहित्य भी शामिल है जो बचने नहीं, मरने की कथा कहता है। जब हम स्वयं मरने से आशंकित होते हैं, तो मरना चाहनेवालों की कथा हमें गुदगुदाती है, जैसे बच रहने से पैदा हुई निश्चिन्तता और ऊब की रात कोई अन्य बच रहा कच्ची नींद में आहिस्ता से छू दे।

बताने को बच रहना जिन्दगी का एक जबर्दस्त सुख है। शायद प्रेम करने और किए जाने के बाद इसी सुख का स्थान है। कितना सारा साहित्य इस सुख का संस्मरण है, यह सोचकर मुझे हर बार आश्चर्य होता है। सिन्दबाद की कथा में और है ही क्या, सिवाय बच जाने के बाद मृत्यु के रौरव की तस्वीरें चैन से खींचने के ? मोबी डिक की कथा भी यही है। और तो और, हैमलेट भी यही है। मरते-मरते वह होरेशियो से जिन्दा रहने की माँग करता है जिससे होरेशियो उसकी कहानी कह सके। राग दरबारी में रंगनाथ का बच निकलना ही असली कथा है यद्यपि अन्तिम सन्देश के तौर पर श्रीलाल शुक्ल ने रंगनाथ की तरह बच निकलनेवालों का उपहास किया है।

लेखक होने का मुख्य द्वन्द्व है कि कब हैमलेट की तरह जिया जाए और कब होरेशियो की तरह। हैमलेट की तरह जिए यानी मरे बिना कहानी कहने लायक नहीं बनती और होरेशियो की तरह बचे बिना बताया या लिखा नहीं जा सकता। हैमलेट जीवन के दुःख भोगता है, होरेशियो हैमलेट के दुःखों को देखता है। देखने का दुःख दरअसल हैमलेट से कहीं ज्यादा होरेशियो को उठाना है क्योंकि उसे अपने दोस्त की विकराल मृत्यु भी देखनी है और देखकर इस खातिर ज़िन्दा रहना है कि वह दोस्त के साथ क्या-क्या हुआ, यह दुनिया को बता सके। होरेशियो की तरह जीने में बताने को कर्त्तव्य मानना शामिल है, क्योंकि बताने की इच्छा दोस्त ने व्यक्त न की होती तो होरेशियो की तरह जीने का प्रतीकार्थ काफ़ी धूमिल हो जाता। देखना, देखने की तकलीफ सहना, फिर चुप हो रहना—यह लेखक की तहजीब नहीं है। साहित्य और जो भी हो, चुप्पी नहीं है। होरेशियो होना ही चुप हो रहने के सहज विकल्प से हाथ धो लेना है। लेकिन हर लेखक के भाग्य में होरेशियो होना नहीं बदा होता और हर किसी को हैमलेट जैसा दोस्त नहीं मिलता जो जोखिम उठाकर जिए, इस कारण कई लेखकों को स्वयं हैमलेट होना पड़ जाता है, वरना वे बिना हैमलेट की दोस्तीवाले होरेशियो की ऊब से मर जाएँ।

इस विभाजन का यह निरूपण सही नहीं है, सुविधाजनक-भर है। इसे सही करने के लिए हमें समझना होगा कि हैमलेट और होरेशियो होना जिन्दगी के दो चेहरों का

नाम है जिन्हें लेखक लगातार अदल-बदलकर पहनता रहता है और कभी एक तो कभी दूसरे के प्रति आकर्षित रहते हुए ज़्यादातर अशान्त जीवनयापन करता है। खुशी के क्षणों में दुःख और दुःख के क्षणों में खुशी की स्मृति उसे उद्दीप्त किए रहती है, भले यह उद्दीपन हमेशा लिखने के लिए पर्याप्त नहीं होता। भाषा की अनिश्चित धुरी उसे पीसती है; कभी कुछ सुन्दर-सा टूटकर बाहर आ जाता है, कभी नहीं भी आ पाता। इस अनिश्चितता को समाज अक्सर समझ नहीं पाता, इस कारण लेखक के इर्द-गिर्द अतृप्ति के साए मँडराते ही रहते हैं। अतृप्ति के स्रोत सैकड़ों-हज़ारों हिंसाओं में होते हैं, पर तृप्ति का जिम्मा रचनाकार पर ही आता है। वह जानते हुए भी नहीं कह सकता कि वे सब जो उससे अपनी लौ लगाए हैं, उन हजारों गड्ढों को टटोलें जिनमें अत्याचारों के सबूत छिपे हैं। एक अच्छे डॉक्टर की तरह वह मरीज़ से नहीं कह सकता कि तुमने जो-जो ग़लत आदतें पाल रखी हैं, तुम्हारी बीमारी उन्हीं का नतीजा है। लेखक इस अर्थ में अभिशप्त है। वह किसी को उसका यह सच नहीं बता सकता कि दुनिया में हो रहे हर बड़े हादसे में वह भी शरीक है जो किताब में छिपने आया है। बहलाना साहित्य का धर्म है। मरते हुए समाज को भी साहित्य बहलाता है, इस आशा में कि बहले हुए लोग दुनिया को बचाने की सोच सकते हैं। बचने की खातिर लड़ने की इच्छा और हिम्मत भी बहले हुए मनवाला समाज ही जुटा सकता है।

इसलिए, बचना तो साहित्य कर्म में बहुत प्रमुखता से निहित है। यह बात सिर्फ इस नाते नहीं कह रहा हूँ कि जो खुद नहीं बचना चाहता था, वह किसी को क्या बचाएगा। वैसे यह तर्क भी बुरा नहीं है क्योंकि इसमें बचना चाहने-भर की बात कही गई है, यानी बचने में असफल रहे की भी मंजूरी है; बात सिर्फ इच्छा की है। श्रीकान्त वर्मा में भी बचने की इच्छा थी, फिर भी उन्होंने 'जो बचेगा, कैसे रचेगा' वाली बात लिखी। क्या सिर्फ तुक और लय के लालच में ? यदि यह लालच रहा हो, तो भी उनकी बात में सत्यांश है। आशा के पक्ष में यह सत्यांश ही सबसे बड़ा तर्क है। बचने की इच्छा को बनाए रखते हुए ऐसा खतरा मोल लेना जिसमें बचने का रास्ता निर्धारित न हो, लिखने के लिए उपयोगी होता है; जरूरी है या नहीं, यह मैं फिलहाल पक्के तौर से नहीं कह सकता।

बचने और मरने की छटाएँ अनन्त हैं, उनका रूप-धारण हर वक्त, हर जगह अलग होता है। सहृदय और पारखी पाठकों की उपस्थिति इस रूप-धारण पर एक निश्चित छाप छोड़ती है। ऐसे पाठकों की अनुपस्थिति या दुर्लभता भी एक निश्चित छाप छोड़ती है। यह दूसरीवाली छाप मुझे आज हिन्दी साहित्य के एक बहुत बड़े अंश पर दिखाई देती है। साहित्य की परख के संस्थायी आधारों में से अनेक रोगी हो चुके हैं, अन्य ध्वस्त। जो लिखा जा रहा है, उसमें से क्या अच्छा है, क्या खराब, यह पहचान देनेवाली शिक्षा स्वयं रोगी है, और वह भी अभी हाल से नहीं। भाषा और साहित्य की शिक्षा मेरी समझ में समाज के लिए साहित्य की जरूरत बनाए रखने का महत्त्वपूर्ण साधन है। इस साधन की हालत का जायज़ा लेने की इच्छा हिन्दी समाज में कब पैदा होगी, अभी

कहना मुश्किल है।

इस बीच, पाठकीय दुर्भिक्ष के बीच, उन्नीसवीं सदी के उजड़ते हस्तशिल्पियों की तरह हिन्दी रचनाकार लिखे जा रहा है। कहीं से कुछ उत्साह, कुछ मान मिल जाता है तो खुश हो लेता है, वरना अपने निरन्तर संकीर्णतर होते हुए संसार में जैसी विधि राखै रामवाली भावभूमि में बना रहता है। निजी प्रयास से प्रकाशित किताबें एक तरह का पैमाना हैं जिसे देखकर हम साहित्य की उपेक्षा से उत्पन्न लेखकीय अकेलेपन का अन्दाजा लगा सकते हैं। छोटे कस्बों, जिला मुख्यालयों से लेकर बड़े शहरों तक पाताली रचनाशीलता का एक विकराल, विशाल, विश्व फैला है। हजारों कवि, सैकड़ों कहानीकार इस पाताल में बसते हैं। वे भी साहित्य की रचना में लगे हैं, भले कभी यह जानने का मौक़ा उन्हें नहीं मिलता कि उनकी कविता मुक्तिबोध से या उनकी कहानी निर्मल से किस तरह भिन्न है। उनकी कृतियाँ दुकानों पर नहीं मिलतीं, बड़ी पत्रिकाओं में उनकी समीक्षा नहीं होती। समीक्षकों के पतों पर वे स्वयं अपनी किताबें डाक से भेज देते हैं, पर इससे इन किताबों का भाग्य नहीं बदलता। केवल एक चीज़ उनका भाग्य बदल सकती थी। किसी तरह इन हजारों लेखकों और कवियों को श्रेष्ठ साहित्य पढ़ने-सुनने को मिलता और समीक्षाकर्म के जरिए सृजनशीलता के सामान्य मानक रोज़ाना के अन्दाज़ में गढ़े जा रहे होते तो शायद बहुत से कवि-लेखक पाठक बन जाना पसन्द करते। वे जान लेते कि अच्छा पाठक होना भी साहित्य के सृजन में हिस्सेदार होना है। पाठक होने का अर्थ ही हिस्सेदार होना है क्योंकि पढ़ना लिखे हुए की नवरचना है। हजारों बार पढ़ी गई पुस्तक हजारों बार जन्म लेती है। कागज़ के टुकड़े पर स्याही से लिख या छाप दी गई पंक्ति में ज़िन्दगी की कुलबुलाहट पाठक ही तो भरता है और उसी कुलबुलाहट में सैकड़ों साल पुराना कवि जीता है। इसीलिए यह कहना जरूरी हो जाता है कि साहित्य तभी तक है जब तक सहृदय, पारखी पाठक है। पाठक से वंचित भाषा में जीनेवाला समाज सीलन-भरे अँधेरे में भटकने के लिए विवश है।

हम जो आज स्थापित यानी सफल लेखक कहलाते हैं, इस सीलन और अँधेरे से परिचित हैं। क्या हो गया है हमें यानी हमारे समाज को ? यह सोचते-सोचते निराश और दुःखी होने के लिए कितना कुछ अनायास दिख जाता है। हिन्दी का सिकुड़ता, अंग्रेजी का फैलता संसार, शिक्षा के जरिए निरन्तर होता बच्चों की आत्मा का हनन, और धरती के बलात्कार से जन्मी संस्कृति का विश्व के कोने-कोने में व्यापन—कैसे व्यक्त करे हमारी लेखनी इस क्षण की पीड़ा को ? कितना आसान है रचना के कष्टमय एकान्त की जगह किसी छोटी-मोटी सुविधा या तरक्की के लिए अपने संकोच को थोड़ा-थोड़ा छोड़ने का अभ्यास करके अन्त में बिक जाना। कितना स्वाभाविक है किसी क्षिप्र पटकथा में शरीक हो जाना, अपनी निराशा को जीतने की जगह भूल जाना। कितना उपयोगी और उचित है किसी धनी समाज की भाषा में अनूदित होकर इठला लेना कि हमारी भाषा में लिखे गए शब्द की कद्र कहीं है। सोल्ज़ेनित्सिन के कैंसर वार्ड के अधेड़ मरीज़ किसी-किसी राजनैतिक चुटकुले पर हँस लेते थे।

यदि स्थिति सचमुच यही है तो मरने और बचने में क्या फर्क है ? यह प्रश्न भी ख़ास प्रासंगिक नहीं रह जाता कि इकट्ठे यानी जौहराना ढंग से मरने में ज्यादा लाभ है या अपनी-अपनी क्षुद्र मौत मरने में। बचना कई बार इस दूसरीवाली मौत का पर्याय होता है। उधर पहलीवाली मौत में शहादत के रास्ते एक विरासत को बचा लेने का अन्दाज़ छिपा रहता है। पेड़ की जगह हम आज शब्द से चिपके-चिपके मार दिए जाएँ तो शायद हमारी याद बच जाएगी, यह मनोदृश्य भी अन्ततः बचने और मरने को एकमेव सिद्ध करता है और किसी तीसरे विकल्प की खोज के लिए रास्ता खोलता है। तीसरा विकल्प मेरी राय में देखना है जो जीते-जीते ही सम्भव है। बताना ही साहित्य है और बताने के लिए देखते रहना जरूरी है, भले यह कितनी ही तकलीफ दे। मैं अपने कुछ बहुत प्रिय साथियों की मौत के लिए तैयार नहीं हूँ, इसीलिए अभी ऐसा कुछ लिख पा रहा हूँ जो उन्हें जिन्दा रख सके।

खोज के इस लम्बे यत्न के बाद भी कहना मुश्किल ही बना हुआ है कि साहित्य क्या है और उसकी चिन्ता क्यों की जाए। साक्षर समाज का एक बहुत बड़ा हिस्सा आज साहित्य के सम्पर्क के बगैर जी रहा है और यह भी कोई नहीं कह सकता कि इस हिस्से के सदस्य किसी मौखिक साहित्य परम्परा से जुड़े हैं। साहित्य जिनकी जरूरत है, है और वे बहुत थोड़े हैं। शेष में इस बात का भी अहसास नहीं है कि वे वंचित हैं, न ही वे अपरिचय के बावजूद साहित्य के सम्मानी हैं। साहित्य एक सिमटी हुई दुनिया का रस है और जहाँ तक मेरी दृष्टि जाती है, यह दुनिया और सिमट रही है, जो कि लाज़िमी है क्योंकि साहित्यहीनता की दुनिया फैल रही है। ऐसे में प्रासंगिक प्रश्न यही है कि सिमटते हुए संसार में संचरित रहते हुए भी क्या साहित्य नामक रस उस फल के रूप और गन्ध को प्रभावित करता रहेगा जिसका वह रस है। यह फल है भाषा, जो आज मनुष्य के इतिहास में पहले की किसी भी स्थिति से अधिक माध्यमों में और वह भी अभूतपूर्व गति के साथ बह रही है। नए माध्यमों के झंझावात में साहस और हौसले के साथ लटके साहित्य-फल को किसी छोटे से घर की खिड़की के पास पड़ी मेज़ पर देख लेना भी मुझे खुश कर देता है। मैं एक शाम के लिए मान लेता हूँ कि साहित्य है क्योंकि यहाँ उसका एक पाठक रहता है। आगे का आगे देखेंगे।

मंसूबों की हवेली

ग़ालिब की हवेली हमारी राष्ट्रीय विरासत है या नहीं और उसके संरक्षण के लिए सरकारी, यानी सार्वजनिक धन खर्च किया जाना उचित है या अनुचित, यह सवाल राजधानी के एक आला स्कूल की ग्यारहवीं कक्षा में बहस का विषय था। सभी आला स्कूलों की तरह यह भी अंग्रेज़ी माध्यम स्कूल था, इसलिए इस बात की कोई सम्भावना नहीं थी कि ग़ालिब की कविता किसी बच्चे ने स्वयं पढ़ी हो। लेकिन यदि यह स्कूल अंग्रेज़ी माध्यम का न होकर हिन्दी माध्यम सरकारी स्कूल होता, तो भी ग़ालिब की कविता से किसी बच्चे का परिचय असम्भव होता क्योंकि ग़ालिब को मैंने हिन्दी की किसी पाठ्य-पुस्तक में आज तक नहीं देखा। हिन्दी साहित्य की विकास यात्रा की स्वीकृत रूपरेखा में वे शामिल भी नहीं किए गए हैं। हिन्दी साहित्य में न सही, क्या वे हिन्दी समाज के साहित्य में शामिल करने योग्य हैं, यह प्रश्न बहस से ज़्यादा आज शोध का विषय है। मेरे सामने बच्चों के बीच चल रही बहस का विषय ग़ालिब की कविता नहीं, ग़ालिब स्वयं थे।

उनकी हवेली के संरक्षण के लिए दिल्ली हाई कोर्ट ने आदेश दिया है, इस कारण संरक्षण तो अब होना ही है। पर संरक्षण के औचित्य को अदालत से मान्यता मिली है, यह अपने आप में इस विवाद की प्रकृति का संकेत है। संक्षेप में मामला 'धर्मनिरपेक्षता' का है। इस शब्द को इनवर्टेड कौमा में घेरना इसलिए ज़रूरी है क्योंकि धर्मनिरपेक्षता संस्कृति के उस स्वरूप का प्रतीक-चिह्न है जिसे आज़ाद भारत के राज्य ने वरेण्य माना है। ग़ालिब की हवेली की लम्बी अवहेलना और अब सरकारी पैसे से मरम्मत की नौबत धर्मनिरपेक्षता की नीति के समाजनीति बन सकने में आई रुकावटों की परिणति है। अवश्य कुछ अन्य तत्त्व भी इस परिणति में शामिल हैं और वे अपने-आप में महत्त्वपूर्ण हैं। इनमें एक तत्त्व ग़ालिब का कवि होना है। कवि और लेखक का जीवन हमारे समाज में सहज सम्मान का विषय होता तो निराला और प्रेमचन्द के मकान कब के राष्ट्रीय स्मारक बन चुके होते। एक और बात ग़ालिब के घर की स्थिति है। चाँदनी चौक का पूरा इलाक़ा जिस दुर्भाग्य की कहानी कहता है, वह सिर्फ 1857 का दुर्भाग्य नहीं है। वह भारत नाम के राष्ट्रीय समाज की कल्पना के कुपोषण का दुर्भाग्य भी है। एक तीसरा तत्त्व इतिहास मात्र के प्रति उकताहट का है। इतिहास की रक्षा बोझ उठाने की प्रतियोगिता बन गई है। पुरातत्त्व विभाग सरकार के सबसे ग़रीब महकमे की पदवी

पाकर कब से उदास बैठा है।

ग़ालिब की हवेली के संरक्षण की बहस में ये तत्त्व अन्ततः आनुषंगिक ही ठहरे, क्योंकि बच्चे इस बहस का मर्म जानते थे। मामला ग़ालिब के मुसलमान होने का है, यह बात उनकी अध्यापिका ने मुझे पहले ही बता दी थी। अध्यापिका की चिन्ता और मुझे बुलाने की मंशा का कारण यही था कि बच्चे हवेली के संरक्षण को धर्मनिरपेक्षता की राज्यनीति और भारत-पाकिस्तान विभाजन और दुश्मनी से जोड़ने पर आमादा थे। अध्यापिका स्वयं को धर्मनिरपेक्षता की राज्यनीति के संरक्षण और प्रचारक के रूप में देखने की आदी थी। जिस स्कूल में वह पढ़ाती थी, वह एक संस्था के रूप में धर्मनिरपेक्षता के प्रसार को ज़रूरी मानता रहा है और इस उद्देश्य के लिए समय-समय पर कुछ विशेष आयोजन करता रहा है। इस संस्थायी सन्दर्भ के कारण ग्यारहवीं के बच्चों का ग़ालिब की हवेली के संरक्षण पर सवाल प्राचार्य और अध्यापिका दोनों के लिए एक चिन्ताजनक चुनौती बन गया था। वैसे यह एक बिल्कुल नई परिस्थिति नहीं थी। कारगिल की लड़ाई के बाद से बच्चों में पाकिस्तान को लेकर उठी वितृष्णा का गर्म फेन पिछली लड़ाइयों की तरह भारतीय मुसलमानों और इस्लाम पर भी गिरा था। दरअसल उनकी यह मनोदशा भी नई न थी। पाकिस्तान एक स्थायी भाव था। उससे मेल खानेवाले संचारी भाव छोटी-बड़ी राष्ट्रीय-स्थानीय घटनाओं के सहवर्ती बनकर उतराते-डूबते रहते थे।

हममें से कई लोग कहते रहते हैं कि इस प्रवृत्ति में कुछ विशेष उभार अस्सी के दशक में आया और नब्बे की दशाब्दी में तेजी से बढ़ा। सम्भव है, हमारी यह काल-गणना सही हो; उतना ही सम्भव है कि यह काल-गणना हमारे जीवन-वृत्त से ज़्यादा जुड़ी हो, सामाजिक यथार्थ से कम। हम लोग जो आज़ादी के कुछ बाद पैदा हुए या कुछ पहले, सामाजिक यथार्थ को उस दृष्टि से देखने के आदी रहे हैं जो हमें आज़ादी के पहले पन्द्रह-बीस वर्षों में 'मिली'। यहाँ भी इनवर्टेड कौमा का घेरा राजनीति की आभा के अंकन के लिए ज़रूरी है। आस-पास जी जा रही ज़िन्दगी को देखने-समझने की दृष्टि का एक महत्त्वपूर्ण स्रोत पचास और साठ के दशकों में राज्य था तो इसीलिए क्योंकि वह एक नए समाज और संस्कृति की रचना में रत माना जाता था। इस भूमिका में राज्य की नियुक्ति उस पढ़े-लिखे नागरिक समाज ने की थी जिसकी मानसिक जड़ें अंग्रेज़ी राज की शिक्षा और शहरी मध्यमवर्गीय जीवन-शैली के अलावा उस सैलाब में भी थीं जो आज़ादी के आन्दोलन ने, और विशेषकर गाँधी के नेतृत्व ने, पैदा किया था। सैलाब उनके व्यक्तित्व और विचारों, उनके कर्म और सपनों के प्रति निष्ठा का न सही, आकर्षण का अवश्य था। वृहत्तर ग्रामीण समाज भी इस आकर्षण से अछूत न था, भले उसकी अभिव्यक्ति की लिखावट में प्रवाह और स्पष्टता उस तरह से न हो कि इतिहासकार भी सन्तुष्ट हो जाएँ। दृष्टि की रचना में ऐतिहासिक अस्पष्टताएँ विशेष बाधा नहीं बनतीं, दृष्टि में ही शामिल हो जाती हैं। गाँधी के महायत्न की अधूरी सफलता मेरी पीढ़ी के नज़रिए में शामिल थी। दबाव के बावजूद आशा का एक ख़ास आधार

राज्य था जिसकी शक्ति गाँधी की इच्छा के अनुसार नेहरू के हाथ में थी।

ग़ालिब की हवेली के संरक्षण पर किशोरों के सवाल पहले भी रहे होंगे, पर उन्हें खड़े होकर उठाना उचित नहीं लगता था। फ़र्क़ यही है कि आज वे अनुचित नहीं लगते। ग़नीमत है तो यही कि वे अनुचित भले न लगें, अटपटे फिर भी लगते हैं। अनुचित और अटपटे के बीच का फासला लम्बा नहीं है। धर्मनिरपेक्षता के प्रति अनमना राज्य इस फासले को चौंकानेवाली तेज़ी से भर सकता है। यह डर ग्यारहवीं के बच्चों में नहीं था, पर उनकी अध्यापिका में था। वह चाहती थी कि बच्चे ग़ालिब की हवेली को एक राष्ट्रीय स्मारक बनाए जाने की ज़रूरत मानें। उनकी शंका कितनी खुलकर सामने आएगी, यह जिज्ञासा लिए मैं प्रश्न के गिर्द मँडराता रहा। यह एक सुखद आश्चर्य था कि बच्चे अपनी शंका और अस्वीकृति का स्रोत छिपाए रहे। उन्होंने पूरी चतुराई से सवाल किए। एक था कि ग़ालिब की कविता महत्त्वपूर्ण है या हवेली; यानी बचाई कविता जानी चाहिए, हवेली ढह जाए तो कोई बात नहीं। यह पूछे जाने पर कि यदि कृतित्व ही असली चीज़ है तो राजघाट जैसी जगह की क्या ज़रूरत है, बच्चों ने कहा कि यदि ग़ालिब की हवेली को पर्यटकों के लिए बचाना है तो इस काम को व्यावसायिक निवेश की मदद से करना बेहतर होगा। इस तर्क-वितर्क में उलझकर हमारी चर्चा लगातार मर्म पर चोट करने से बचती रही। एक जगह पाकिस्तान में मन्दिरों के ध्वंस का सवाल उठा, पर हवेली का प्रसंग उसमें व्यंजना के स्तर पर रहा। आशय स्पष्ट था, पर व्यक्त न हुआ कि हवेली यदि लाहौर में होती तो यह बहस हमें न करनी पड़ती। किशोर भी व्यंजना का सहारा ले रहे हैं, यही इस उम्मीद का आधार है कि अभी इस विषय पर लेख लिखना उपयोगी है। पर यह समय लम्बा नहीं हो सकता।

लम्बा वह इसलिए नहीं हो सकता क्योंकि बहुत-सा समय बर्बाद किया जा चुका है। बाकायदे एक पूरी पीढ़ी निकल गई है। उसे व्यवस्थित ढंग से अनपढ़ रखा गया है। यह किसी एक का षड्यन्त्र नहीं था। कुछ स्वाभाविक टूट-फूट थी, कुछ अतिक्रमण का असर हुआ। अतिक्रमण शुरू में इतना सामान्य दिखता था, जैसे एक पेड़ के नीचे ईंटों के पायों पर टिकी मेज़ लगाकर कोई स्त्री इस्त्री करने लगे, पास में कोई रेड़ी लगा ले, कुछ दिन बाद कोई सस्ते शाल और मफ़लर बेचने लगे। हजूम जुड़ने लगे, फिर एक दिन दुपहरी में एक हत्या हो जाए और शाम को पता लगे कि हत्या एक फकीर की हुई है जो गाँधी की तरह रहता-बोलता था। ग़ालिब की हवेली का किस्सा बहुत फ़र्क़ नहीं है, मगर जिस हवेली को संवैधानिक व्यवस्था बचाना चाहती है, वह ईंट-पत्थर की इमारत नहीं है। महत्त्वाकांक्षाओं की वह सदाशय संरचना, बहुत मेहनत माँगती थी। बीच में बाज़ार था। वहाँ कई तरह के तमाशे थे। सुन्दर-सुन्दर दुकानें थीं, रोशनियाँ थीं जिनके पीछे बैठे लोग एक दूसरी महत्त्वाकांक्षा की गप लड़ा रहे थे। सड़क पर धूल थी जो रह-रहकर उड़ती थी और ज़रूरत पड़ने पर उड़ाई जा सकती थी।

विभाजन के बाद पाकिस्तान का धर्मनिरपेक्ष बनना असम्भव था और भारत के लिए भी आसान न था। पाकिस्तान को एक अस्थायी घटना मानने से नेहरू का हौसला

बना रहा। पूर्वी पाकिस्तान की जगह बाँग्लादेश बनाकर इन्दिरा अपना हौसला बनाए रहीं। ये तरीके चुके तो बात फिर वहाँ आई है जहाँ पहली और दूसरी भूमंडलीय लड़ाई के बीचवाले वर्षों में थी। इतिहास में लौटने का मानस गाँधी के गिर्द दूर-दूर तक फैला था, पर उन्होंने आगे जाने का मन बनाया। वह रास्ता कितना ख़तरनाक था, यह बात पूरी तरह शायद सिर्फ़ रवीन्द्रनाथ जानते थे। वे यह भी जानते थे कि आगे जाना ज़रूरी है। गाँधी से उनका समूचा संवाद एक लम्बी, कठिन चेतावनी है; मनाही नहीं। जहाँ तक बन पड़ा, गाँधी ने चेतावनी मानी भी। आज वही स्थिति एक जटिलतर संस्करण में प्रकाशित होकर आई है। पर अबकी बार न चेतना की कौंध है, न चेतावनी की ज़रूरत। 'जय हनुमान ज्ञान गुण सागर, जय कपीश तिहुं लोक उजागर' आदि दुहराते हुए हम बढ़े जा रहे हैं। निर्भय रहने के लिए यही फार्मूला मुझे बचपन के सहपाठियों ने सिखाया था। स्कूल ने तो बाक़ायदा डरना सिखाया। मैं जिस स्कूल में धर्मनिरपेक्षता की रक्षार्थ बुलाया गया था, वहाँ भी निडरता की शिक्षा नहीं दी जाती और हनुमान चालीसा का अब चलन नहीं रहा; कम-से-कम इन बच्चों में नहीं। अब कोई जाए, तो जाए कहाँ।

भतेरे लोग धर्मनिरपेक्षता से तंग आ गए हैं। उकताए हुओं की संख्या भी कम नहीं है। कुछेक उसकी पुनर्स्थापना की ख़ातिर समाज की जड़ें टटोल रहे हैं। इस मिजाज़ के एक युवा अन्वेषक मेरे शहर से लौटकर मुझे बताने लगे कि उन्होंने वहाँ एक मन्दिर देखा जिससे सटी हुई एक मज़ार भी साथ-साथ पूजी जाती है। उनका मन था कि इस संयुक्त पूजा भूमि को फिल्माकर उदारवादी चेतना पुष्ट की जाए। मैं समझ गया कि उस उदार भूमि के अन्तिम दिन आ गए और देर-सबेर मेरे शहर में भी दंगा होगा। फिल्म हो या रपट या फिर सीधे-सीधे प्रौढ़ शिक्षा की पोथी, किसी भी रूप में ज्ञान बनकर वह साँझी आस्था सुरक्षित नहीं कर सकती। टीवी पर उसके यश की तस्वीरें देखकर स्वयं वे लोग, जो अभी मन्दिर से निकलकर मज़ार को भी पूजते हैं, पूछेंगे कि हम इतने अजीब क्यों हैं। अन्य दर्शक भी चेतेंगे। कई तय करेंगे कि स्थानीय लोगों में जागृति लाओ। फिल्म लाख कहे कि यह धर्मनिरपेरक्षता का एक अनुकरणीय उदाहरण है, जागी हुई चेतनाएँ अपनी परिणति पर पहुँचकर ही चैन लेंगी। फिलहाल कसर यही है कि फिल्म नहीं बनी है और फिल्मकार के पास यह सोचने का मूल्यवान समय है कि फिल्म बनाने की नौबत क्यों आई है और इस नौबत में भी क्या फिल्म बनाए बगैर नहीं रहा जा सकता।

जिसे हम चेतना कहते हैं, वह सामाजिक इंजीनियरी का एक और घातक निर्णय बनकर रहती है। चेतना का बिल्ला उस पर चिपक इतनी आसानी से इसलिए जाता है क्योंकि हम बराबर दबाव में हैं और कहीं कोई छेद देखकर उछल पड़ते हैं। हम स्थायी हलों की तलाश में हैं, इस कारण चेतना की स्वाभाविक क्षणिकता को कुचलकर, उसके नाम पर एक तरकीब गढ़ते हैं। हमारी कृति सड़क पर आते ही बदरंग हो जाती है। बुद्धि के कौशल से रची गई अस्मिताएँ शत्रु की रचना में जुट जाती हैं। भौतिक समृद्धि

की मदद से उनकी यह प्रवृत्ति ढाँपी जा सकती है, लोकतन्त्र का हवाला देकर सजाई जा सकती है, पर दबाई या बदली नहीं जा सकती। एक बार ज्ञान की शिला पर अस्मिता की स्थापना हुई कि उसके विकास पर काबू रखना असम्भव हो जाता है। व्यवस्थापक खुद अपरिचय के अँधेरे का बन्दोबस्त करने में जुट जाते हैं। यह काम कठिन भी नहीं है। और भी ज़्यादा आसान ख़तरे की प्रासंगिकता का बखान है। बखान की गूँज अस्मिता के राष्ट्रमन्दिर को उत्साह से भर देती है। कारीगर सामूहिक चेतना के तलघरों में उतरकर नक्काशी करने में जुट जाते हैं। चारों तरफ़ स्मृतियों की झालरें लटक जाती हैं और मृतात्माओं का नाद दूर-दूर तक सुनाई देने लगता है। इंजीनियरों के मेले में आदमी ढूँढ़ना मुश्किल हो जाता है। मिलता है तो थकान से दुःखी मिलता है या फिर दुविधा से। थकान की वजह से वह कुछ चिन्तित, कुछ उतावला हो रहा दिखता है क्योंकि वह जानता है कि थोड़ी देर सो लेने के लिए भी वक़्त नहीं है।

कागज़ के पक्षी और शेर

अक्सर किसी लम्बी यात्रा के अन्त में, थकान के बीच कोई चीज़ नज़र आती है जो दुनिया को समझने के लिए प्रतीक का काम दे जाती है। पर इस वर्ष की गर्मियों में ऐसी एक चीज़ मुझे अपने पिछवाड़े की सड़क पर देखने को मिली। इस सड़क का पुनर्निर्माण हर साल होता है। डामर के ड्रम इस्तेमाल किए जाने की इन्तज़ार में हफ़्तों सड़क के किनारे खड़े गुलमोहर के नीचे पड़े रहते हैं। इस बार गर्मियों की शुरुआत ही सड़क पर डामर की नई बिछावन डालने से हुई। लू के थपेड़ों के बीच मजदूरों ने डामर पिघलाने के लिए आग जलाई। सतह को दबा-दबाकर सपाट बनानेवाला भारी-भारी पहियोंवाला इंजन मई की शुरुआत में आगे-पीछे होता रहा। उसी के शोर में मैंने पोखरण के प्रयोगों की गर्जना सुनी। सड़क बन जाने के बाद इस बार भी खाली ड्रम कई दिन गुलमोहर के नीचे खड़े रहे। कुछ-न-कुछ डामर उनके खुले मुँहों के आस-पास चिपका रह जाता है, इस बार भी रह गया। मगर इस बार एक अनहोनी हुई। दुपहरी के ऊँचे तापमान में एक मोर के पंजे उस डामर में चिपक गए। वह पता नहीं कितने घंटे अपनी मुक्ति के लिए फड़फड़ाया होगा। वह जितना प्रयास करता गया, उसके पंख उतना ही बिखरते-टूटते गए।

परमाणु परीक्षणों को छः महीने से ऊपर समय हो गया, पर भारत की फड़फड़ाहट का अभी कोई अन्त नज़र नहीं आता। एक हाथ में लिए कटोरा, एक हाथ में एटम बम के साथ हम उन्हीं शक्तिशाली देशों से वार्ताएँ करने में व्यस्त रहे हैं जिनका पाखंड उजागर करने के इरादे से हमने परीक्षण किए। यही सरकारी विमर्श है। इस विमर्श की विश्वसनीयता को पहला झटका परीक्षणों के तुरन्त बाद लग गया था। यदि परीक्षण हमने सचमुच पश्चिमी देशों का दम्भ तोड़ने के लिए किए थे, पड़ोसियों को डराने के लिए नहीं, तो परीक्षणों के बाद हमारी पहली फ़िक्र पड़ोसियों को आश्वस्त करने की होनी चाहिए थी। नहीं; हमारी पहली चिट्ठी क्लिंटन के पास गई और चिट्ठी का मजमून था पड़ोसियों की शिकायत। एक बार पाखंड का सिलसिला शुरू हुआ तो थमा नहीं। जो दल और लेखक सरकार को बधाई देने से सकुचा रहे थे, उन्होंने वैज्ञानिकों और इंजीनियरों को बधाई देकर अपना कर्त्तव्य पूरा किया। कई शान्तिप्रेमियों ने तर्क दिया कि परमाणु अस्त्रों से लैस भारत अहिंसा और प्रेम का सन्देश अब ज़्यादा असरदार ढंग से दुनिया में फैला सकेगा। कई देशों से मिलनेवाली सहायता बन्द होने पर खरे

राष्ट्रवादियों ने तर्क दिया कि अच्छा है, अब हम स्वावलम्बन की ओर बढ़ने के लिए विवश होंगे। इन सदिच्छाओं की अभिव्यक्ति के बीच परमाणु-निरक्षरता का बोलबाला बना रहा। आम लोगों ने सोचा कि परमाणु बम और बमों से कुछ ज़्यादा ताक़तवर एक और बम है, उसे अपने पास रखने में क्या बुराई है ? हिन्दू राष्ट्रवादियों ने सुझाया कि पोखरण में एक भव्य मन्दिर बने और वहाँ की रेत देश के कोने-कोने में पहुँचाई जाए।

विस्फोटों के छः महीने बाद हिन्दी में परमाणु-साक्षरता के लिए दो पुस्तिकाएँ प्रकाशित हुई हैं। ये छोटी किताबें कितनी दूर जाएँगी, कितने और प्रयासों की प्रेरणा बनेंगी अथवा चन्द पाठकों में सिमटी रहेंगी जैसा कि हिन्दी में होता आया है, और समीक्षकों की चुप्पी में डूब जाएँगी जो कि आज का रिवाज़ है ? नवसाक्षरों के लिए उत्कृष्ट साहित्य की सस्ती पुस्तिकाएँ छापने-फैलाने में जुटी भारत ज्ञान-विज्ञान समिति ने एलीनेर कोयर की कहानी 'सडाको और कागज़ के पक्षी' का प्रकाशन किया है। इस कहानी का सरल अनुवाद अरविन्द गुप्ता ने किया है जो अपनी ज़िन्दगी कम लागत के शैक्षिक खिलौनों और प्रगतिशील शिक्षा साहित्य के प्रचार-प्रसार के लिए समर्पित कर चुके हैं। सडाको की कहानी भी खिलौने के पक्षियों की कहानी है, पर इस कहानी का अनुवाद करते हुए अरविन्द गुप्ता अवश्य गहरे मानसिक कष्ट से गुज़रे होंगे। अरविन्द गुप्ता के अपने खिलौने शिक्षातन्त्र से आहत बच्चों की आँखों में चमक लाने के लिए जाने जाते हैं। सडाको के बनाए कागज़ के बगुले उसकी मौत को सहनीय-भर बना सके।

सडाको एक असली जापानी लड़की थी। हिरोशिमा पर अमरीका द्वारा गिराए गए परमाणु बम के लाखों शिकार लोगों और बच्चों में से एक सडाको की कहानी विश्व साहित्य की अमूल्य धरोहर बन सकी है तो इसीलिए क्योंकि वह परमाणु की राक्षसी शक्ति का परिचय हमें पारिवारिक स्नेह की नन्ही परिधि के भीतर रहकर देती है। लोग जब परमाणु बम की कल्पना करते हैं तो उनका दिमाग महान राष्ट्रों की अमूर्त कल्पना, विज्ञान के चमत्कारों पर बचपन में लिखे निबन्धों, टीवी पर देखे चमकीले बिम्बों और अंगरक्षकों से घिरे नेता की गर्वीली छवियों में खो जाता है। सडाको की कहानी एक मरती हुई स्कूली लड़की की दैनिक यात्रा का वृत्तान्त है। कल के दिन वह स्कूल की दौड़ की तैयारी कर रही थी। कहानी में हम उसे बिस्तर पर पड़े-पड़े कागज़ के पक्षी बनाते हुए देखते हैं। कागज़ मोड़-मोड़कर जानवरों और चिड़ियों की आकृतियाँ बनाना जापान की प्राचीन लोक-कला है। ओरीगामी नाम की यह कला जापान के स्कूली और घरेलू जीवन का अनिवार्य अंग है। सडाको को किसी ने बताया है कि यदि वह एक हजार बगुले बना ले तो उसका कैंसर ठीक हो जाएगा। इस संख्या से बहुत पहले सडाको की काया परमाणु बम के विकिरण से पैदा हुए कैंसर की चपेट में आ जाती है। हौसले के साथ सडाको की ओर बढ़ती हुई मृत्यु की छाया में स्वयं को पाकर पाठक छटपटाता है। यह सम्भव नहीं है कि अपनी इस छटपटाहट में वह नेताओं से मिले, आश्वासनों और शान्ति की बर्बर राजनीति के यथार्थ को न समझे।

हिरोशिमा के शान्ति संग्रहालय के सामने सडाको का स्मारक है। उसकी मूर्ति के

आस-पास कागज़ के हज़ारों बगुले रोज़ पड़े रहते हैं। ये बगुले उन सैकड़ों बच्चों के बनाए होते हैं जो अपने स्कूलों की बसों पर चढ़कर शान्ति संग्रहालय देखने आते हैं। छोटे बच्चों को उनकी अध्यापिका संग्रहालय के भीतर इस आशंका से नहीं जाने देती कि वे डर जाएँगे। सडाको की मूर्ति ही उन्हें रुलाने के लिए काफ़ी होती है। वे एक हज़ार बगुले बनाकर भले-चंगे हो जाने का सडाको का अधूरा अरमान पूरा करने के लिए ओरीगामी का कागज़ साथ लाते हैं और वहीं बैठकर बगुले बनाते हैं। उधर थोड़ी दूर संग्रहालय देखकर निकले पर्यटक सीढ़ियों पर निढाल होकर बैठे रहते हैं। उनमें से कई सुबक-सुबककर रो रहे होते हैं। वे जान चुके होते हैं कि जो उन्होंने देखा है, वह कहने को ही संग्रहालय है। दुनिया के अन्य संग्रहालयों में हम मानव सभ्यता की धरोहर देखने जाते हैं, अपने ज्ञान के सीमान्त फैलाकर खुशी और सन्तोष महसूस करते हैं। हिरोशिमा के शान्ति संग्रहालय में हम मृत्यु की असहनीय लीला के उस दृश्य की बारीकियाँ देखते हैं जिसे यम ने नहीं, एक अमरीकी सैनिक अधिकारी और दुनिया के श्रेष्ठ वैज्ञानिकों ने मिलकर रचा था। संग्रहालय में एक आग हमारे चारों ओर, शरीर से चिपटकर लगी रहती है। बाहर निकलकर आसमान की नीलाई और हवा हमें प्यार से घेर लेती है। हमें लगता है कि हमें हवा का प्यार पाने का कोई अधिकार नहीं है। क्या कहें, किसकी सुनें, शेष जीवन कैसे जिएँ, ये प्रश्न अपने पास और अपने से दूर हर जगह नज़र आते हैं। एक गुस्सा और एक घिन हमारे साक्षी रह जाते हैं।

यही वे दो भाव हैं जिनके सहारे अरुन्धती राय ने पोखरण के परीक्षणों पर अपनी लम्बी प्रतिक्रिया अगस्त में लिखी थी। उनकी इस प्रतिक्रिया का हिन्दी में आलोक राय द्वारा किया गया अनुवाद अभी-अभी हंस प्रकाशन से आया है। गुस्सा और घिन ऐसे भाव हैं जिनकी प्रेरणा से लिखी गई रचना कई बार लेखक की पकड़ के बाहर चली जाती है। 'कल्पना का अन्त यहाँ' के बारे में भी यह कहना सम्भव है कि यह लम्बी टिप्पणी कई बार अरुन्धती राय की पकड़ से छटपटाकर उस परिधि से बाहर आ गिरती है जिसे एक पाठक के नाते हम अपनी समझ और सुरक्षा की खातिर रचनाकार के साथ मिलकर बनाते हैं। यह परिधि और कुछ नहीं, दरअसल वह महीन धार है जिस पर बीसवीं सदी का हर प्रौढ़ सदस्य एक पैर बतौर नागरिक के और दूसरा पैर बतौर मनुष्य के रखकर चलता रहा है। याद दिलाने की जरूरत नहीं है कि दोनों पैर खून से तर रहे हैं, और धार लगातार और तेज़ होती जा रही है। जो लोग अरुन्धती राय का गद्य भारतीय नागरिक की हैसियत से पढ़ेंगे, उन्हें हर दूसरे पैराग्राफ के अन्त में अपनी मनुष्यता का धिक्कार सुनना होगा। जो पाठक अपनी नागरिकता को सुलाकर सिर्फ एक मनुष्य की हैसियत से यह पुस्तिका पढ़ेंगे, उन्हें हर पन्ना पलटते हुए अपने देश और उसकी मशहूर सभ्यता की याद आएगी जिसकी नैतिक आधिकारिकता मई के महीने में लुट गई, व्यावहारिक विश्वसनीयता तो पहले ही कई बार लुट चुकी थी।

अरुन्धती राय के इस लेख में उत्तर-आधुनिकता की गन्ध है, पर गन्ध-भर है। वे भारत की सीमाओं से ऊपर जाकर दुनिया का दर्द बताना चाहती हैं, बता पाती भी हैं,

पर रह-रहकर एक भारतीय होने का बुनियादी अहसास एक दर्द बनकर उन्हें घेरता है। ध्यान से देखें तो यह दर्द एकदम पहचान में आ जाता है। यह वही दर्द है जो छः साल पहले बाबरी मस्जिद के ध्वंस से कई लोगों के मन में पैदा हुआ था। पोखरण के आलोचकों को प्रधानमन्त्री ने अपने स्वतन्त्रता दिवस के भाषण में 'कुछ तत्त्वों' की संज्ञा दी थी। उनके इस मुहावरे का सहारा लेकर हम कह सकते हैं कि बाबरी मस्जिद का ध्वंस भी कुछ तत्त्वों ने ही किया था, हर भारतीय उस कृत्य में शामिल नहीं था, न आज पोखरण के कृत्य में शामिल है। 'हम कौन थे, क्या हो गए हैं' का सवाल, जो मैथिलीशरण गुप्त ने इस सदी के शुरू में उठाया था, आज बहुतों को पहले से ज़्यादा सालता है। मेरे एक शिक्षक, अवश्य ही प्रेरणा देने के इरादे से, कहते थे कि भारत एक सोता हुआ शेर है; जब यह जागेगा तो दुनिया डर जाएगी। यदि पोखरण इसी शेर की दहाड़ था तो आधा वर्ष बीत जाने के बाद भी नहीं लगता कि उससे कोई डरा है।

शत्रु की समझ और समझ के शत्रु

तीन मूर्ति स्थित नेहरू पुस्तकालय का छोटावाला सभागार इतिहास और समाज की निस्पृह, चीर-फाड़ के लिए जाना जाता है। हल्ले और हिंसा के विषय भी इस कमरे में पहुँचकर सयाने हो जाते हैं। वहाँ नौ जुलाई को आयोजित परिसंवाद का विषय कारगिल था। भाग लेने पहुँचे लोगों में सेवानिवृत्त सरकारी और सैन्य अधिकारी ज्यादा दिखते थे, शिक्षक और संस्थानिक विद्वान कम। यह बात अनहोनी इसलिए नहीं थी कि भारत और पाकिस्तान के समकालीन रिश्तों में रुचि रखनेवाले शिक्षक बिरले हैं। इस विषय पर लिखी गई किताबें देखें या आकाशवाणी की परिचर्चाएँ सुनें तो समूचे विमर्श पर सेवानिवृत्त अफसर और पत्रकार छाए मिलेंगे। अध्यापकीय आवाज़ की जो यत्किंचित उपस्थिति कभी-कभी होती है, वह जवाहरलाल नेहरू विश्वविद्यालय के कारण।

आकाशवाणी का उदाहरण लेना शायद इतना उपयोगी नहीं है क्योंकि वहाँ हर विषय के लिए आठ-दस नामों का दायरा बनाए रखने की परम्परा है। विषय सुनकर यह भविष्यवाणी, कि उस पर चर्चा करनेवाले कौन होंगे, आप कम-से-कम उतनी विश्वसनीयता के साथ तो कर ही सकते हैं जितनी आजकल वर्षा के बारे में मौसम विभाग की दैनिक भविष्यवाणी में होती है। गलती मुख्यतः इसीलिए होती है कि हर बार बुलाए जानेवाले लोग हर बार उपलब्ध नहीं होते। कारगिल की लड़ाई शुरू होने के बाद शायद ही कोई परिचर्चा रेडियो पर आई हो जिसमें भाग लेनेवाले शुरू से एक-दूसरे से सहमत न रहे हों। बदकिस्मती उस श्रोता की रही जो मुद्दे पर कुछ नई जानकारियाँ या नजरिए पाने को इतना आतुर था कि परिचर्चा का दफ्तरी चरित्र भाँपकर भी सुनता रहा और प्रतिभागियों में अपने-अपने सामान्य ज्ञान के सहारे सरकारी रवैए के प्रति पूर्ण वफादारी दिखाने को लेकर मची हुई होड़ को बर्दाश्त करता रहा। विकल्प क्या था ? बाजार प्रतियोगिता कहाँ-कहाँ नहीं घुसी है, प्रसार भारती भी बाकायदा बनी हुई है (उसके सदस्यों में राजेन्द्र यादव भी हैं जो 'हंस' के दायरे में काँटे की बात हर माह कहते हैं) पर आकाशवाणी की एकछत्री दकियानूसी सुरक्षित है।

लेकिन मामला सिर्फ आकाशवाणी का नहीं है। अखबारों और पत्रिकाओं पर नजर दौड़ाएँ या पुस्तकालय की अलमारियों पर, पाकिस्तान के बारे में अधिकांश ज्ञान सेवानिवृत्ति की मुहर तले ही मिलेगा। जिस ज्ञान पर सेवानिवृत्त सरकारी या सैन्य अफसर की मुहर नहीं है, उसका एक बड़ा हिस्सा वरिष्ठ अंग्रेजी पत्रकारों का लिखा

है। यह कहना गलत होगा कि यह ज्ञान विश्वसनीय नहीं है। विदेश विभाग की सेवा के लम्बे अनुभव में अर्जित ज्ञान गलत कैसे हो सकता है ? सैनिक अधिकारी के ज्ञान की भी एक निश्चित सत्ता है। फिर भी यह सोचने लायक बात है कि पाकिस्तान को लेकर हमारा शैक्षिक ज्ञान इतना कम क्यों है। शैक्षिक ज्ञान से आशय उस समझ से है जो पढ़ने-पढ़ाने के नियमित अनुभव या युवतर दिमागों से संवाद की छलनी से निकलकर परिष्कृत और संरक्षित होता है। विश्वविद्यालय इसी तरह के ज्ञान के उत्पादन के कारखाने हैं। विश्वविद्यालय के समकक्ष हम उन शोधकेन्द्रों को भी नहीं रख सकते जहाँ वरिष्ठ विद्वान जीवन-पर्यन्त पढ़ते और लिखते ही चले जाते हैं, लड़के-लड़कियों से रू-ब-रू नहीं होते। ऐसे शोधकेन्द्र भारत में भतेरे हैं और उनमें से कुछ में पाकिस्तान के बारे में थोड़ा-बहुत अनुसन्धान भी होता रहा है। रोचक बात यह है कि इस अनुसन्धान में भी एक बड़ा हिस्सा सेवानिवृत्त अधिकारी का रहा है।

पंचतन्त्र में लिखा है कि जो हमसे शत्रुता का व्यवहार करे उसके बारे में हमें पूरा ज्ञान रखना चाहिए। पाकिस्तान और भारत एक-दूसरे को दुश्मन अवश्य मानते हैं, पर एक-दूसरे के प्रति अज्ञानी रहकर। यह एक अजीब-सा सम्बन्ध लगता है जो सन् सैंतालीस से आगे नहीं बढ़ा है। परस्पर अज्ञान इस सम्बन्ध की खुराक है। सामान्य ज्ञान की परीक्षाएँ देने में निपुण हमारे बच्चे यह बता सकते हैं कि अमेरिका के कुल कितने राज्य हैं या सोवियत संघ के कितने टुकड़े हुए, पर यह सुनकर वे चौंकते हैं कि पाकिस्तान में कितने प्रदेश हैं या वहाँ की अर्थव्यवस्था कैसे चलती है। बच्चों की बात करना शायद बेमानी है। बड़ों की बात करें। 'नवभारत टाइम्स' पढ़ना मैंने तब पूरी तरह छोड़ दिया था जब उसने पोखरण के विस्फोट पर सारे देश को प्रधानमन्त्री के पीछे पंक्तिबद्ध खड़े हो जाने की सलाह दी थी। अखबार का काम मतवैभिन्य सामने लाना है, लोगों को पंक्तिबद्ध खड़ा करना नहीं, वरना एन.सी.सी. के शिक्षक अधिकारी क्या बुरे हैं ? 'नवभारत टाइम्स' से स्वयं को दूर रखने का जिक्र मैं इसलिए कर रहा हूँ कि उसमें छपे एक इंटरव्यू के बारे में मुझे आनन्द स्वरूप वर्मा की उस टिप्पणी पर निर्भर होना पड़ रहा है जो ग्यारह जुलाई के 'जनसत्ता' में छपी। टिप्पणी के अनुसार, पूर्व-प्रधानमन्त्री गुजराल ने इंटरव्यू में बताया कि जब उन्होंने प्रधानमन्त्री से पाकिस्तान के रक्षामन्त्री का नाम पूछा तो वे नहीं बता सके। जाहिर है, गुजराल कोई परीक्षा नहीं ले रहे थे।

तीन मूर्ति के परिसंवाद में की गई प्रस्तुतियों और चर्चाओं का स्तर देखते ही बनता था। सभागार को वातानुकूलित इसलिए किया गया कि लोग चैन से बहस कर सकें, पर इस बहस में भाग लेनेवाले एक आत्मतोषी फन्तासी में लीन रहे। अणु बम के परीक्षण से लेकर उदारीकरण तक हर नीति आत्मश्लाघा का विषय बनी। पहले सत्र के अध्यक्ष ने शुरू में ही कहा कि अपने कार्यकाल में उन्होंने काफी यत्न किया कि पाकिस्तान का आर्थिक अध्ययन करने का कोई व्यवस्थित सिलसिला बने, पर वे कामयाब नहीं हुए। इस स्वीकारोक्ति के बाद किसी ने एक बार भी जिक्र नहीं किया

कि पाकिस्तान के राजनैतिक तन्त्र, मनोविज्ञान, समाजशास्त्र और अर्थशास्त्र के बारे में हमारा ज्ञान कितना अधूरा है। शायद यह कहने की जरूरत नहीं थी, चर्चा का बौद्धिक स्तर स्वयं इस बात का सबूत दे रहा था। ध्यान देने लायक बात यह थी कि बहस में शिक्षक या संस्थानिक विद्वानों की आवाज बहुत कम सुनाई दे रही थी। पहली प्रस्तुति के बाद के प्रश्नकाल में एक इतिहास शिक्षक का हाथ खड़ा देखकर अध्यक्ष ने कह दिया था कि उनके पास नामों की 'हायरार्की' (ऊँच-नीच) है, क्योंकि कई बहुत महत्त्वपूर्ण लोग बोलना चाहते हैं।

बात साफ थी, पर बात को अगर इशारे के तौर पर लें तो उसमें बहुत कुछ और भी पढ़ा जा सकता है। मेरी रुचि विशेषकर उस इबारत को पढ़ने में है जो लोकतन्त्र और कारगिल के मोर्चों का अन्तर समझा सकती है। शिक्षक और अफसर में किसकी हैसियत ज्यादा है, यह बच्चे भी जानते हैं। शिक्षक चाहे स्कूल का हो या विश्वविद्यालय का, उसके पास ताकत, रुतबा या दबदबा नहीं हो सकता। ये तो अफसर के आभूषण हैं, भले वह छोटे पद पर हो या बड़े। आय के मामले में उच्च शिक्षा के अध्यापक प्रशासनिक सेवा की बराबरी का संघर्ष करते रहे हैं, पर यह संघर्ष संस्थानों का खेल ही रहा है, वरना अधिकारी की आर्थिक क्षमता का मुकाबला अध्यापक भला कैसे कर सकता है। बावजूद इस सादी असलियत के, यदि कॉलेज और विश्वविद्यालय के शिक्षक की कोई सामाजिक हैसियत अभी तक बनी रही है तो उसकी बौद्धिक स्वायत्तता के कारण ही रही है। उसके पास चीजों की तह में जाने का समय है, साधन भले न हों, और तात्कालिक हवाओं से निश्चिन्त रहकर अपनी बात कहने की आजादी रही है। उच्च शिक्षा पर खर्च की कटौती ने शिक्षक के बौद्धिक साधन लगातार घटाए हैं, फिर भी वह तर्क और समझ की भाषा का यथाशक्ति प्रसार करता रहा है। पिछले दस साल में आए अर्थनीति सम्बन्धी बदलावों और उनके चलते उभरे सांस्कृतिक मूल्यों ने समझ की भाषा और तर्क का तेजी से अवमूल्यन किया है। अध्यापक की बात उन महत्त्वपूर्ण लोगों की तुलना में कमजोर पड़ गई है जो सत्ता के तन्त्र से सीधे जुड़े हैं या जुड़े रहे हैं।

तीन मूर्ति की गोष्ठी में यह फर्क एकदम स्वच्छ था। वक्ताओं का मानना था कि अर्थनीति और विदेशनीति दोनों में भारत सही सिद्ध हुआ है। विदेशी निवेश की राहें खोलकर हमने अपनी सुरक्षा के इन्तजाम में पश्चिम के धनी और ताकतवर देशों का स्वार्थ शामिल कर लिया है। एक पर्चे ने भारत के रक्षा बजट को दुनिया में चल रहे पैटर्न के अनुरूप बताया तो दूसरे ने परमाणु बम के परीक्षण की दाद दी और तीसरे ने पाकिस्तान को आत्मविनाश के कगार पर खड़ा बताया। इस तीसरी सम्भावना पर नेहरू विश्वविद्यालय के एक राजनीतिविज्ञानी ने यह प्रश्न पूछना चाहा कि पाकिस्तान के विखंडन का भारत पर क्या असर होगा तो उनके इस प्रश्न को इस तरह खारिज कर दिया गया मानो वह किसी गन्दी मानसिक दुर्बलता की निशानी हो। जीत और जयकार का माहौल सभा पर एक नशे की तरह छाया था। उस नशे में ऐसी शंकाएँ

उठाया जाना नामुमकिन था कि लाहौर घोषणा के समय कारगिल क्षेत्र में पाकिस्तानी घुसपैठ की जानकारी सरकार को थी या नहीं, अथवा परमाणु परीक्षण से प्राप्त होनेवाली निश्चिन्तता साल-भर भी क्यों नहीं चली, अथवा परमाणु प्रक्षेपास्त्रों की स्पर्धा के चलते भारत और पाकिस्तान दोनों में स्वास्थ्य, शिक्षा और रोजगार का भविष्य क्या रहने वाला है।

इस किस्म के सवाल तीन मूर्ति में भुलाए जा सकते हैं, लेकिन उस खुले सभागार में वे अवश्य पूछे जाएँगे जो चुनाव होने तक हर बाजार और तिराहे पर सरगर्म रहेगा। चुनाव का मोर्चा होता ही ऐसा है कि वहाँ सवाल पूछनेवाले की हैसियत नहीं पूछी जाती। मगर चुनाव एक अस्थायी संस्था का काम करते हैं। उसके दौरान पूछे गए सवाल भले कितने तीखे हों, उनकी पड़ताल का समय किसी के पास नहीं होता। परमाणु बम के प्रायोगिक धमाके से लेकर कारगिल की लड़ाई तक, यानी इस सरकार के पूरे कार्यकाल ने ऐसे अनेक प्रश्न मतदाता के सामने ला खड़े किए हैं। समाधान की तलाश धीरज और पूछने-समझने के अधिकार में आस्था की माँग करती है। परमाणु युद्ध के खतरे ने भारत और पाकिस्तान दोनों के हर नागरिक को सरहद पर ला खड़ा किया है। परमाणु हमले में मरनेवाले अधिकतम लोग—जो हमारे सन्दर्भ में करोड़ों की तादाद में होंगे—आम आदमी, औरतें और बच्चे होते हैं। कारगिल युद्ध के दौरान यह आशंका व्यक्त की जाने पर कि पाकिस्तान आणविक हमला कर सकता है, हमारे प्रधानमन्त्री ने कहा कि हम ऐसी किसी भी परिस्थिति के लिए तैयार हैं। उनसे पूछा जाना चाहिए कि इस तैयारी से उनका आशय क्या है। यदि हमारी तैयारी यही है कि हम जवाबी हमला कर सकते हैं तो यह तैयारी बेमानी है क्योंकि इस तैयारी से हमारे बच्चों के बच्चों को होनेवाली आनुवंशिक विकृतियाँ नहीं रोकी जा सकतीं। मैं उन करोड़ों लोगों का उल्लेख नहीं कर रहा हूँ जो परमाणु युद्ध के चन्द घंटों में इस कारण मर जाएँगे कि उनकी किस्मत अच्छी है। प्रधानमंत्री से यह भी पूछा जाना चाहिए कि परमाणु युद्ध में भारतीय नागरिकों की सुरक्षा तो आगे की बात है, फ़िलहाल क्या वे इस बात की गारंटी दे सकते हैं कि नल का पानी पी लेने पर हमें पीलिया नहीं होगा !

रशीदा पाकिस्तान नहीं जाएगी

"मजहब नामी मिट्टी में अब नए पौधों की जड़ें पकड़ने की ताकत नहीं रही।" अब्दुल वहीद खाँ ने यह बात पचास के दशक में कही थी। उस समय इस तरह सोचनेवालों की काफी तादाद थी और विशेषकर शहरी मध्यम वर्ग में थी। यह विश्वास भी उन दिनों काफी प्रचलित था कि नए भारत का सांस्कृतिक माहौल शिक्षा बनाएगी। वह रूढ़िग्रस्त सोच की जड़ें उखाड़ देगी, लोगों को अपने भरोसे जीना सिखाएगी, और समाज में अतीत के प्रति निरपेक्ष दृष्टि फैलाएगी। यही सब सोचकर अब्दुल वहीद खाँ ने अपने दोनों बच्चों रशीदा और सुहेल को धार्मिक रस्मो-रिवाजों से दूर रखा और सारा ध्यान उन्हें अच्छी से अच्छी शिक्षा दिलाने पर लगाया। पर अब्दुल वहीद का सपना अपने बच्चों की तरक्की तक सीमित न था। अपनी सन्तान को आज़ादी देने का मतलब उनके लिए देश को एक नई, आज़ाद राह पर आगे बढ़ाना था। वे कहते भी थे कि यह नई राह ठीक-ठीक कहाँ ले जाएगी, उन्हें नहीं मालूम। पर यह विश्वास उन्हें था कि वह जगह इतिहास के तनावों और उन्हें मथ-मथकर पैदा किए गए झूठे गुबारों से मुक्त होगी।

उनका यह सपना सच न हुआ। मजहब की मिट्टी में नए पौधों की जड़ें पकड़ने की ताकत देखते ही देखते बढ़ने लगी। बीच में शायद एक अन्तराल आया था पर वह ज़्यादा लम्बा साबित नहीं हुआ। भारत का नया सांस्कृतिक माहौल बनाने में शिक्षा ने अपनी भूमिका बिल्कुल ही नहीं निभाई। उसने न वैसे कौशल दिए जिनकी मदद से समाज और देश को समझने-समझाने का सिलसिला शुरू हो सकता था, न वह आत्मविश्वास जगाया जो अतीत की जगह वर्तमान में जीने के लिए ज़रूरी है। अब्दुल वहीद के पढ़े-लिखे बच्चे उस असहाय-सी पीढ़ी के प्रतीक बनकर रह गए, जिसे आज़ादी के बादवाले दशक में आज़ादी की लड़ाई के आदर्शों की खुराक पर पाला गया। इन आदर्शों को एक गहरी चोट विभाजन ने दी। जो थोड़ी-बहुत जान उन आदर्शों में बची थी, वह शहरी पूँजीवाद के फैलाव और शिक्षा की अपंगता ने ले ली। अब्दुल वहीद का बेटा सुहेल इंजीनियर बनने की जगह शराब, जुए और छुटभैए नेताओं की गिरफ़्त में आ गया। जिन रूढ़ियों और नज़रियों से उसे बाप ने बचपन में दूर रखा, जवानी में सुहेल ने उन्हें चाहकर वरण किया। उधर बेटी रशीदा कभी अपने भीतर ऐसी ताक़त नहीं पा सकी कि भ्रम और झूठ पर जीते समाज में अपनी स्वतन्त्रता उस तरह दिखा सके जिस तरह उसके पिता दिखा लेते थे।

यह ताक़त न सही, पर उसकी निगाह इतनी साफ़ है कि वह अपने लिए पाकिस्तान में ढूँढ़ा गया रिश्ता नहीं स्वीकारती। मंज़ूर एहतेशाम के उपन्यास 'सूखा बरगद' के अन्त में अपना यह निर्णय लेने के बाद रशीदा ऐसा सुकून महसूस करती है, जैसा अपनी ज़मीन और जगह से बहुत गहराई से जुड़ा व्यक्ति ही महसूस कर सकता है। पर यदि वह पाकिस्तान चली भी जाती तो भी वह एक भारतीय स्त्री रहती। यह बात हिन्दू पुनरुत्थानवाद में विश्वास करनेवालों की समझ में नहीं आ सकती, फिर भी प्रयास की खातिर उन्हें यह उपन्यास ज़रूर पढ़ना चाहिए। मैं इसके लेखक को नहीं जानता, पर उपन्यास को पढ़कर इतना अवश्य कह सकता हूँ कि उन्होंने हिन्दू-मुस्लिम सम्बन्धों को एक बहुत बड़े सन्दर्भ में और दिल खोलकर समझा है। यदि हमारे देश में गम्भीर साहित्य के पाठक लाखों की तादाद में होते तो यह उपन्यास एक बहुत साफ-सुथरी बहस शुरू कर सकता था। इस बहस में वे बीसियों सवाल शामिल होते, जिन्हें पत्रकारिता चालू ढंग से उठाकर छोड़ देती है और राजनैतिक मौक़े के मुताबिक़ दबाती-उछालती रहती है।

ऐसा एक सवाल है पाकिस्तान—उसके बारे में हमारी जानकारी और दृष्टि, और उसके साथ हमारे रिश्ते का। स्कूल से लेकर कॉलेज का पाठ्यक्रम और पाठ्यपुस्तकें पलट जाइए, कहीं पाकिस्तान के बारे में व्यवस्थित जानकारी नहीं मिलेगी। एक आम शिक्षित भारतीय, अमेरिका और रूस के बारे में बहुत कुछ जानता है (और शायद जानना भी चाहिए) पर पाकिस्तान के बारे में उसकी समझ और दृष्टि दो-चार अखबारी जुमलों से घिरी मिलेगी। जिस देश से हम तीन बार लड़ चुके हों और जिसका चालीस साल से पहले का इतिहास हमारा इतिहास रहा हो, उसके प्रति ऐसी विरक्ति और इतना अज्ञान किसी गहरी सामाजिक ग्रन्थि के बिना नहीं रह सकता। इसी ग्रन्थि की उपज यह प्रचलित धारणा है कि भारतीय मुसलमान का आधा मन पाकिस्तान में रहता है और लड़ाई व खेल के दिनों में उसका साथ देता है। इस धारणा की परतें खोलने के लिए भी 'सूखा बरगद' पढ़ना जरूरी है। सारी कहानी जैसे पाकिस्तान नाम के पात्र की मूक उपस्थिति में घटती है। वहाँ का फौजी शासन, भारत के साथ उसके युद्ध, भुट्टो की मौत और इस्लामी कानून की व्यवस्था—ये सभी बातें भोपाल के उस समुदाय के दिल पर बजती हैं जिसमें अब्दुल वहीद ख़ाँ जैसे खुली तबीयतवाले आशावादी इन्सान का छोटा-सा परिवार शामिल है। यह बात छिपाने की नहीं है कि इस समुदाय के सदस्यों के लिए पाकिस्तान में हो रही घटनाएँ इतनी महत्त्वपूर्ण हैं। ज़रूरत उस दिन की है जब पाकिस्तान के महत्त्व का अहसास इस समुदाय तक सीमित नहीं रह जाएगा। तब पाकिस्तान के समाज और नज़रिए को समझने का जिम्मा हम मुट्ठी-भर अफसरों और पत्रकारों पर नहीं छोड़ेंगे। तभी पाकिस्तान में भारत को समझने के नए रास्ते निकलेंगे।

ज़ाहिर है कि अभी वह दिन दूर है। अभी पाकिस्तान क्या, मुस्लिम परिवारों का जीवन भी अनेक मध्यमवर्गीय हिन्दुओं के लिए एक ओर रहस्य और दूसरी ओर सन्देह और हिकारत का विषय बना हुआ है। किसी भी क़स्बे में चले जाइए, वहाँ की स्थानीय

राजनीति में हिन्दू और मुस्लिम पुनरुत्थानवाद की टक्कर अवश्य दिखाई देगी। एक तरफ मस्जिद के रास्ते शोर-शराबे और संगीत के इन्तजाम से लैस जुलूस की तैयारी होगी, दूसरी तरफ किसी मजार को अचानक सजा-धजाकर पड़ोस में खड़े मन्दिर का दर्जा देने का इरादा होगा। यहाँ तक कि भाषा को लेकर भी लोग नकाब पहने मिलेंगे। दुनिया जानती है कि हिन्दी को जबर्दस्ती संस्कृतनिष्ठ बनाने की कोशिश हुई है और उर्दू का फारसीकरण किया गया है। आज ये दोनों भाषाएँ जुदा हो चुकी हैं और अब उर्दू को उत्तर प्रदेश की दूसरी राजभाषा बना देने से कोई नई बात नहीं हो जाएगी। पर इस मामूली-सी बात का भी विरोध होता है—इस तर्क पर कि उर्दू के लिए यह माँग मजहबी अन्दाज़ में उठाई गई है। एक और तर्क (जो बहुत खुली दृष्टिवाले अमृतराय ने अपनी नायाब पुस्तक 'हिन्दी/हिन्दवी—ए हाउस डिवाइडेड' में दिया है) यह है कि उर्दू की स्वीकृति से हिन्दी और उर्दू के संयुक्त इतिहास और उनके पुनर्मिलन की सम्भावना के साथ अन्याय होगा।

मोह और भय जब वातावरण पर इस तरह हावी हों तो कोई आश्चर्य नहीं कि वर्तमान की जगह लोग इतिहास में ज़्यादा रुचि लेने लगे हों। पर ज़्यादा अफसोस और चिन्ता की बात यह है कि बहुत से लोग वर्तमान को अतीत का हिसाब 'ठीक' करने का मौक़ा मानने लगे हैं। आए दिन अखबारों में ऐसी चिट्ठियाँ छप रही हैं जो हिन्दू-मुस्लिम सम्बन्धों को हज़ार-पाँच सौ साल पुराने इतिहास की धूमिल रोशनी में समझाने का प्रयास करती हैं। इन चिट्ठियों में औरंगजेब, शिवाजी, अकबर या मुहम्मद बिन-कासिम का जिक्र इस तरह होता है जैसे वे अभी ज़िन्दा हों और उनके निर्णयों से हमारा जीवन सीधे प्रभावित हो रहा हो। वैसे ही हमारे देश में फैली निरक्षरता और कुशिक्षा ने इतिहास और मिथक का भेद मद्धिम कर रखा है। ऊपर से इतिहास की यह दैनिक ठोका-पीटी कोढ़ में खाज पैदा कर रही है। कोई नहीं कहता कि आप इतिहास को भूल जाइए। इतिहास का अध्ययन एक तरह का अनुशासन है जो मनुष्यों और समाजों को विनम्र बनाता है—बशर्ते कि वह इतिहास की तरह पढ़ा जाए, सुबह के अखबार या किसी हलफ़नामे की तरह नहीं। और फिर इतिहास एक शृंखला है, कोई बक्सा नहीं जिसमें से कोई एक पर्ची निकालकर उसकी लिखावट अलग से पढ़ी-सुनाई जा सके। इतिहास का इस्तेमाल वर्तमान या भविष्य की चुनौतियों से जूझने के लिए नहीं किया जा सकता। वह आगे की राह नहीं दिखाता, सिर्फ पीछे का सफर दिखाता है और वह भी कोई खास स्पष्टता के साथ नहीं।

विशेष तौर से शिक्षा में इतिहास की भूमिका को लेकर हमारे यहाँ बहुत उत्तेजना और उतनी ही भ्रांति रही है। स्कूली पाठ्यपुस्तकों में मध्य युग का इतिहास किस रूप में रखा जाए, इस बात को लेकर संसद में बहसें हो चुकी हैं। अकबर को राष्ट्रीय एकता का प्रतिनिधि और राणा प्रताप को सामन्ती दृष्टि का प्रतीक बतानेवाली पाठ्यपुस्तकों का जबर्दस्त विरोध हुआ। गनीमत है कि सरकार इस विरोध से डरी नहीं। अफ़सोस की बात यह है कि ये पाठ्यपुस्तकें भले तटस्थ और वैज्ञानिक दृष्टिकोण से लिखी गई

हों, उनकी शैली उतनी ही उबाऊ है (और हिन्दी तो अनुवादवाली है ही) जितनी देश के अधिकतर स्कूलों में चल रही और संकीर्ण दृष्टि से लिखी गई किताबों की है। यह भी एक महत्त्वपूर्ण सवाल है कि सिर्फ इतिहास की पाठ्यपुस्तकों में परिवर्तन लाकर समाज में फैले धार्मिक अलगाववाद को कितनी बड़ी चुनौती दी जा सकती है। यदि पुनरुत्थानवादी संगठन स्वयं बड़ी संख्या में स्कूल चला रहे हों और सरकारी स्कूलों में न सेहत बची हो, न आत्मा सिर्फ अस्थिपिंजर रह गया हो, तो साम्प्रदायिकता का विस्तार रोकने में शिक्षा कोई भूमिका नहीं निभा सकती।

कई अध्ययनों से ज्ञात हुआ है कि इतिहास की—खासतौर पर पुराने इतिहास की—अवधारणाएँ सोलह वर्ष की आयु के बाद ही अधिकांश बच्चों की समझ में आती हैं। इस आयु के पूर्व पढ़ाया गया इतिहास बच्चे सिर्फ रट सकते हैं। हम कौन-सा इतिहास बच्चों को रटा रहे हैं, इस बात का राजनैतिक महत्त्व हो सकता है, शैक्षिक महत्त्व कोई खास नहीं है। शैक्षिक दृष्टि से अधिक उपयोगी होगा कि हम बच्चों को उनके आस-पास के समाज की संरचना और उसके आर्थिक व सांस्कृतिक आधारों से परिचित कराएँ। इस प्रयास में स्थानीय इतिहास हमारे काम आ सकता है, पर बच्चों के बीच काम करते हुए हमें उतने ही इतिहास पर जोर देना है जो आँखों से दिखाई देता है और जिसने आज की परिस्थितियों को सीधे-सीधे प्रभावित किया है। तय है कि इतिहास और समाज का स्थानीय परिवेश में अध्ययन कराने के लिए हमें अपनी दृष्टि उदार और कल्पना ताज़ा रखने की जरूरत होगी। यह मानकर चलना पड़ेगा कि जब भी हम नई पीढ़ी को निष्पक्ष विश्लेषण और जिज्ञासा के रास्ते पर ले जाएँगे, पुनरुत्थानवादी लोग हमें रोकेंगे। सन्दर्भ कुछ भी हो सकता है—हिन्दू-मुस्लिम सम्बन्ध, जातिप्रथा या स्त्री-पुरुष सम्बन्ध। हमारे समाज में पैठी पुनरुत्थानवादी कुंठाएँ एक बहुत बड़ा कारण है जिसकी बदौलत शिक्षा की प्रक्रिया समाज के यथार्थ और बच्चे की जिज्ञासा के प्रति उदासीन रही है।

मेरी पहली भाभी

लहनासिंह एक लड़की को रोज़ चिढ़ाता था–"तेरी कुड़माई हो गई ?" उसी तरह राजेन्द्र यादव मुझे लगभग हर बार मिलने पर चिढ़ाते हैं कि ज़रूर वहाँ 'कोई' होगी जो मैं बार-बार टीकमगढ़ जाता हूँ। उनका मज़ाक दिल्ली नाम की स्थायी चोट खाए मन को क्षण-भर के लिए खुश कर देता है। टीकमगढ़ से मेरा संवाद लगातार सिकुड़ता रहा है; उसकी सिकुड़न से पैदा हुई तंगी यादवजी की फब्ती से थोड़ी देर के लिए ढीली हो जाती है। उस लड़की ने लहनासिंह से एक दिन अचानक कहा था–"हाँ, हो गई !" मेरी इच्छा होती है कि एक बार मैं राजेन्द्र यादव से कहूँ–"हाँ, है। मेरी पहली भाभी है–सबसे दुलारी !" कम-से-कम एक बार यादवजी भी निरुत्तर, चकित, शायद कुछ ईर्ष्यालु महसूस करेंगे। पर उस लड़की का अगला वाक्य था–"देखते नहीं, यह रेशम से कढ़ा हुआ शालू !" मैं इस वाक्य की जगह क्या कहूँगा ? क्या दिया है मुझे मेरी पहली भाभी ने जो मैं साथ-साथ लिए रहूँ ?

ज़िन्दगी की सच्चाइयों के बीच लिखते रहने का हौसला बनाए रखने के लिए बहुत से भ्रम ज़रूरी होते हैं, बहुत-सा मोह भी, बहुत-सा क्षोभ भी। मेरी पहली भाभी में यह क्षमता रही है कि मुझे इन तीनों तत्त्वों की कमी न महसूस होने पाए, इसकी व्यवस्था वह पिछले कोई तीस सालों से, यानी टीकमगढ़ छोड़ने के समय से लगातार करती रही है। मेरी बाकी दो भाभियाँ कुछ दूसरे किस्म की हैं; सिर्फ उन्हीं का सहारा होता तो मैं कहानियाँ कभी न लिख पाता; शायद और भी बहुत-सा लेखन करता तो काफ़ी अलग तरह से करता। ये बादवाली दोनों भाभियाँ दिल्ली में ही मिल जाती हैं, उनकी दुनिया वैसे भी उस तरह की नहीं है कि उसे बार-बार पुरानी बातों की मदद से रचा जाए। इधर के वर्षों में यद्यपि टीकमगढ़ से मेरा सम्पर्क बराबर बना रहा है, फिर भी कई बार मुझे सन्देह होने लगता है कि मैं पहली भाभी का चेहरा भूल तो नहीं रहा हूँ, या कहीं उसके चेहरे को बाकी दो भाभियों में तो नहीं ढूँढ़ने लगा हूँ। दिल्ली की अफरा-तफरी के बीच यह सन्देह उठना स्वाभाविक ही है, ऐसा मानकर इस बात को टाल देता हूँ, पर टालते समय भी मुझे कई क्षण अपने जैसे कइयों के साथ घटे इतिहास की अनिवार्यता एक डरावनी झंकार की तरह सुनाई देती रहती है।

विद्वान पाठक कह उठ रहे होंगे कि यह तो कुछ-कुछ आषाढ़ के एक दिनवाला मामला बन रहा है जो हिन्दी के अनगिनत लेखकों का धारावाहिक जीवन-वृत्त है।

कमलेश्वर और राजेन्द्र यादव से उदय प्रकाश तक और उसके बाद भी बहे जा रही 'बहिर्गमन' की सतत धारा। ऐसा नहीं है कि कोई इस धारा से बचा नहीं है। ज्ञानरंजन स्वयं बचे हैं, हालाँकि जबलपुर को शहडोल या टीकमगढ़ की श्रेणी में नहीं रखा जा सकता। न रायपुर को जहाँ से श्रीकान्त भागे पर विनोद कुमार शुक्ल बने हुए हैं। सागर के बारे में सोचा जा सकता है। सागर से विरह पर अशोक वाजपेयी अब शायद पूर्ण विजय पा चुके हैं या उसके करीब हैं, पर वे साठ के भी करीब हैं। मेरा तो यह सैंतालीसवाँ है। विष्णु खरे अभी खंडवा से कहाँ मुक्त हुए हैं ? गिरधर राठी ने अपनी चीन वाली किताब पिपरिया और इटारसी के दोस्तों को समर्पित की है। तो फिर टीकमगढ़ को 'ज़िमा जंक्शन' बनाए रखने में मेरी क्या ज़्यादती है ? हम सब एक ही नाव के यात्री हैं। नाव बहुत ही बड़ी है और सिर्फ़ हिन्दी ही नहीं है। एक बुनियादी अर्थ में देखें तो यह नाव सिर्फ़ भारत की भी नहीं है। मारग्रेट लारेंस का मिनावाका, येव्तुशैंकों का ज़िमा जंक्शन, फ्रैंक ओकॉनर का कॉर्क टीकमगढ़ ही है। दुनिया में ऐसे कितने ही लेखक होंगे जिनके भाग्य में अपनी जड़ों से कटना लिखा होता है। कटी हुई जड़ में एक जादुई रस होता है। कभी दर्द, तो कभी सुख के रिसाव के सहारे यह रस जड़ से अलग हुए तने तक पहुँचता रहता है। तो फिर समस्या क्या है ? क्यों मेरा मन अपनी जड़ों में बैठे राधावल्लभ त्रिपाठी और वल्लभ सिद्धार्थ के प्रति ईर्ष्यालु हो उठता है ? मेरे पुराने हितैषी मित्र सुखदीप हमेशा ही कस्बाई आत्मीयता का गुणगान करते रहे हैं, शायद उन्हीं का असर मेरे ऊपर है। शायद ज़्यादा बड़ा सच मेरे पिता की सलाह है। सलाह कह लो, सीख कह लो—उनका कहना था कि मैं अपना एक पैर दिल्ली में रखे रहूँ, एक टीकमगढ़ में। परिस्थितियाँ, मनःस्थितियाँ अपने आप ऐसी बनती गईं कि दिल्ली और टीकमगढ़ के दो पायदानों के बीच की ज़मीन ही मेरे लिए सबसे उपजाऊ बनी। टीकमगढ़ आता हूँ तो मुझे हर सड़क, हर मोड़ पर कहानियाँ, दृष्टान्त, लेख दिखते हैं। लेकिन उन्हें कागज़ पर उतारना प्रायः दिल्ली जाकर ही सम्भव हो पाता है। टीकमगढ़ के घर मे वे कई आराम नहीं हैं जो दिल्ली में हैं, फिर भी टीकमगढ़ घर है, दिल्ली दफ्तर है। घर पक्का है, पर काल्पनिक ज़्यादा है, यथार्थ कम। दफ्तर में कुछ भी काल्पनिक नहीं, सब कुछ कारोबार है। पता नहीं पिताजी की बात का अर्थ ठीक-ठीक क्या था। शायद वे सोचते थे कि टीकमगढ़ मेरा केन्द्र रहेगा और दिल्ली परिधि। यह कतई नहीं हुआ—कम-से-कम अभी तक नहीं। मेरा कोई केन्द्र नहीं। दुनिया में कहीं भी जाऊँ, मेज़ पर दो अखबार, पत्रिकाएँ, पी हुई चाय का कप और एक अच्छे से बिस्किट के दो पैकेट रखे हों और कोई मिलने आनेवाला हो तो लगता है, यही केन्द्र है।

पर एक चीज़ है जो दिल्ली को टीकमगढ़ से ज़्यादा बड़े केन्द्र का दर्जा लेती है और रोज़ लेती है। वह चीज़ है डाक : मेरा सबसे पुराना व्यसन, मोह, विश्वविद्यालय। बचपन में हिन्दी की हर पत्रिका हमारे घर आती थी और ज़्यादातर पत्रिकाएँ डाक से आती थीं। 'पराग' यद्यपि एजेंट के यहाँ से आती थी, पर 'पराग' के छपे-छपाए

अस्वीकृति कार्ड डाक से आते थे। अस्वीकृति के कार्डों ने लेखक बनने की तमन्ना को भड़काने में बहुत मदद की : एक दिन आएगा जब मेरी रचना सम्पादक की आँखों में गड़ जाएगी। सुखदीप भाई भी कहते थे कि चोट पर चोट किए जाओ, दरार ज़रूर बनेगी। संयोग कुछ ऐसा हुआ कि जिस दिन यह दरार 'पराग' में बनी, तब तक 'नवनीत', 'ज्ञानोदय' और 'दिनमान' में दरार पड़ चुकी थी और उम्र अभी बीस भी नहीं हुई थी। 'पराग' में अपनी रचना धँसा सकने में इतनी दिक्कत और देरी से ही शायद मैं पहली बार समझा कि बाल-साहित्य लिखना ज़्यादा कठिन काम है। 'पराग' के पहले पारिश्रमिक ने 'नन्दन' और 'चम्पक' जैसी पत्रिकाओं से घिन पैदा कर दी। 'पराग' के पहले सम्पादक आनन्द प्रकाश जैन जिन प्रतिमानों को लेकर चले थे, वे हिन्दी में स्थापित न हो सके, पर मेरे लिए अवश्य स्थापित हो गए।

बस-स्टैंड के पास कृष्ण गोपाल मिश्रा की दुकान थी। वे तमाम अख़बारों और पत्रिकाओं के एकमात्र एजेंट थे और मेहनती, मिलनशील आदमी थे। उनकी दुकान से गुजरते समय पिताजी को रोककर मिश्राजी से यह पूछने के लिए लोभ का संवरण कर सकना असम्भव होता था कि किसी पत्रिका का नया अंक तो नहीं आया है। पत्रिका कोई भी हो, मिश्राजी की दुकान के सामने लगे खम्भे की रोशनी में एक-एक पन्ना उलटकर देख रहा हूँ, पिताजी मिश्राजी से बात कर रहे हैं, यही मेरी पहली साहित्यिक स्मृति है। इस किस्म की स्मृति-शृंखला में टीकमगढ़ को बाँधूँ तो मुझे यह सिद्ध करते देर नहीं लगेगी कि वहाँ उन दिनों दुनिया की सबसे अच्छी शिक्षा उपलब्ध थी। यह पूरी तरह झूठ होगा। टीकमगढ़ यदि आज जातिवादी राजनीति, बेरोज़गारी, निरक्षरता और बेबसी का अड्डा है तो तीस-चालीस वर्ष पहले भी था। फ़र्क़ यही था कि तब पढ़े-लिखे मध्यम वर्ग का सिमटा-सा संसार आत्मविश्वास और हौसले में डूबा था, आज लालसा और निराशा में डूबा है। मैं उस प्रान्तीय मध्यम वर्ग की बात कर रहा हूँ जो अपने को देश और दुनिया से जोड़ने का आदी था।

हिन्दी का साहित्यिक संसार हिन्दी विभागों और पेशेवर समालोचकों ने बहुत समेट दिया है, इसीलिए जो लोग हिन्दी में एम.ए. करते हैं, उन्हें हिन्दी का वह वृहत्तर संसार दिखना भी बन्द हो जाता है जो मेरे बचपन में महमहाता था। उस वृहत्तर संसार में सिनेमा का पर्दा और गानों के रिकॉर्ड और रेडियो के फरमाइशी और गैरफरमाइशी कार्यक्रम और 'विज्ञान-लोक' और 'पुरोधा' जैसी पत्रिकाएँ और रामायण पर होनेवाले वार्षिक प्रवचन और राह चलते दिखनेवाली नौटंकी के संवाद और कार्तिक-स्नान को जाती औरतों के लोकगीत शामिल थे। रघुवीर सहाय की कहानी 'खेल' मैंने आकाशवाणी पर 'अपना घर' कार्यक्रम में सुनी थी। वर्षों बाद जब मैंने उसे 'सीढ़ियों पर धूप में' में पढ़ा तो एक सुखद झटका-सा लगा। 'पुरोधा' पांडिचेरी के श्रीअरविन्द आश्रम से आती थी। उसमें 'नई कोंपलें' शीर्षक स्तम्भ में बच्चों की रचनाएँ छपती हैं, यह बात मुझे मेरे शिक्षक कपिलदेव तैलंग ने बताई थी। मेरी पहली रचना 'पुरोधा' में कब छप गई, यह बात मुझे दो साल बाद पता चली जब एक अन्य रचना लौटाते हुए 'पुरोधा'

के सम्पादक रवीन्द्रजी ने उस पहली रचना के छपने का ज़िक्र किया। साथ ही उन्होंने यह सलाह भी दी कि मैं दूसरों की तरह नहीं, अपनी खास तरह से, अपने मन की सहज कल्पना से लिखूँ। रवीन्द्रजी के उस पत्र के साथ 'पुरोधा' में धारावाहिक लेखन शुरू हुआ जिसमें ज़्यादातर निबन्ध-लेखन था। उन तमाम ललित, भावुक, वैचारिक और संस्मरणात्मक निबन्धों के ही क्रम में मैंने एक कहानी लिख भेजी जिसमें रेल के डिब्बे में होनेवाली एक सामान्य-सी धोखाधड़ी का वर्णन था। 'पुरोधा' के लिए उसे अस्वीकार करते हुए रवीन्द्रजी ने लिखा कि जिस तरह के चरित्र मैंने इस कहानी में रचे हैं, वे समाज में पहले ही भतेरे हैं, उन्हें साहित्य में लाने की क्या ज़रूरत है। उनकी इस चिट्ठी से मैं दुःखी नहीं हुआ तो शायद इसीलिए क्योंकि एक नई, बड़ी-सी दुनिया मेरे सामने खुल रही थी और उसके सामने कौतूहल के साथ खड़े होकर एक परिचित राह को बन्द होते देखने का माद्दा मुझे अपने भीतर महसूस हो रहा था।

तब तक मैं टीकमगढ़ छोड़कर सागर पढ़ने जा चुका था। सागर अभी पूरी तरह विगतयौवन नहीं हुआ था यद्यपि आसार प्रकट होने लगे थे। अशोक वाजपेयी जा चुके थे, पर विजय चौहान थे। हालाँकि उनसे मेरा विशेष परिचय न था, पर जब उनके जीजा अमृतराय किसी कार्यक्रम में सागर आए तो विवेक छात्रावास में कमरा नं. 144 में आकर मेरी खाट पर दस मिनट बैठे। यह मेरे लिए एक बड़ी घटना थी। उसी वर्ष उनकी चर्चित पत्रिका 'नई कहानियाँ' में मेरी 'एक गिलास अनुभव' छपी थी जिसको लेकर एक छोटा-मोटा उत्साहवर्धक हंगामा कहानी पढ़नेवालों की दुनिया में हो चुका था। उधर 'दिनमान' की प्रश्नचर्चाओं के जरिए उस निराली पत्रिका से मेरा एक सहज तादात्म्य बन चुका था जिसे आनेवाले दशक में अप्रत्याशित ढंग से फलना-फूलना था। जो जीवन मैं सागर में जी रहा था, वह कष्टप्रद भले हो, उदास नहीं था। दिल उन दो वर्षों में निरन्तर बहला हुआ रहा। सागर की पहाड़ियों पर किसी पेड़ के तने से टिककर किसी पुस्तक में धँस जाना, फिर शाम के करीब लौटते गाय-बैलों की घंटियाँ सुनकर ही उठना, देवेन्द्र भाई (जिन्होंने कुछ वर्ष बाद आत्महत्या कर ली) से घंटों फ्रास्ट या एमिली डिकिंसन की कविताओं पर बहस करना, किसी-किसी दिन देर शाम लड़कियों के हॉस्टल पहुँचकर बहन और उनकी सहेली शारदा के साथ विशेष तैयारी के साथ पकाया गया भोजन खाकर रात के अँधेरे में पैदल लौटना—सभी-कुछ एक व्यवस्थित आसमान के नीचे था। छात्रावास की कुछ चारपाइयों के नीचे शराब की बोतलें रहती थीं और लड़कियों को लेकर खासी बर्बर भावनाएँ पाई जाती थीं। हॉस्टल के सामनेवाली सड़क से कोई लड़की गुजर जाए तो तमाम खिड़कियों से सीटियाँ बजना शुरू हो जाती थीं।

जयपुर में अभी हाल की सामूहिक बलात्कार की घटनाओं के वृत्तान्त पढ़कर मुझे कोई आश्चर्य नहीं हुआ क्योंकि हॉस्टल-संस्कृति में इस स्थिति के बीज पहले से थे। पन्द्रह-बीस वर्ष का विकास पटना, जयपुर जैसे अनेक विश्वविद्यालयों को इतना दूर घसीट लाया है कि हमारी पीढ़ी या हॉस्टल जीवन अब बचपने जैसा लगता है। सच ही है, टीकमगढ़ से सागर आना बचपन के आसमान का ही विस्तार था।

वह आसमान चटका और सत्तर का दशक शुरू हुआ। दिल्ली मेरे लिए वे तमाम सुख-दुख लिए थी जो प्रान्तीय शहरों से नौकरी पर आए नौजवानों को वहाँ भोगने पड़ते हैं। मैं बाक़ायदा अपने दो कमरों के फ्लैट में खुद खाना बनाकर खाता था, लेकिन मेरे सहकर्मी और वरिष्ठ सज्जन मित्र अजित कुमार की पत्नी स्नेहमयी चौधरी कितनी ही बार मिल लेने के बाद भी यह पूछने से बाज़ नहीं आईं—"आपका कमरा कहाँ है ?" एक कुँआरे युवक की हैसियत में जीते हुए मुझे यह उत्तर देने में कुछ विशेष शान महसूस होती थी—"मैं कमरे में नहीं, घर में रहता हूँ, क्यू ब्लाक में।" पर स्नेहमयीजी अपने रवैए पर कायम रहीं। सम्भव है अजितजी का दृष्टिकोण भी यही रहा हो, पर मेरे प्रति वे ज़्यादा शिष्टता बरतते थे। एक दिन सुबह-सुबह घर आकर उन्होंने मेरी शादी कराने की अपनी योजना बताई। योजना एकदम नई थी यद्यपि शादियाँ तय कराने का अजितजी का शौक मुझसे छिपा न था। दिल्ली विश्वविद्यालय का माहौल तब इसी तरह की मुहल्लेबाज़ी का था। मॉडल टाउन, टैगोर पार्क, राणाप्रताप बाग और तिमारपुर के मुहल्ले यूनिवर्सिटी के नए-पुराने शिक्षकों की रिहायश हुआ करते थे, इसलिए कई शादियाँ सलाह और परिचय के बीच जुड़ जाती थीं। बौद्धिक विमर्श और लिखने-पढ़ने का शौक आज की तरह महानगर की परिधि पर या उसके बाहर नहीं ठेल दिए गए थे। सत्ता के साथ रिश्ता बनाकर जीने की कला का प्रदर्शन, जो आपात्काल के बाद, सफल कहे जानेवालों के लिए अनिवार्य हो गया, फिलहाल बहुत कम लोग करते थे। उन्हें हम जवान लोग काफी घिन की दृष्टि से देखते थे।

सत्ता के साथ और उससे स्वतन्त्र जीनेवालों का फ़र्क़ सबसे ज़्यादा 'दिनमान' के कार्यालय में महसूस होता था। वहाँ जो लोग सर्वेश्वर या रघुवीर सहाय से मिलने जाते थे, वे श्रीकान्त से कम ही मिलते थे। सर्वेश्वरजी मेरे प्रति विशेष स्नेह रखते थे; उनके घर खाना खाकर काफी देर से लौटना बहत्तर-तिहत्तर में काफी नियमित हो गया था। मेरी सदाचारी आदतों पर सर्वेश्वरजी भी खासे व्यंग कसते थे, जैसे अपनी बेटियों, विभा-शुभा को बताते—"तुम्हें पता है कृष्ण कुमार खुद खाना बनाते हैं, फिर करीने से खुद को परोसते हैं, फिर खुद ही खाते है !" विभा-शुभा भी मेरे लिए मसाले का छौंक तैयार करते हुए मेरी पाक कला पर कोई-न-कोई टिप्पणी करतीं। उन्हें खुश रखने के लिए अक्सर मुझे पास के बंगाली मार्किट में नाथू स्वीट्स की शरण लेनी पड़ती।

जैसे कोई ज्वार आ रहा था और सत्तर के दशक की वह दीवार चुपचाप डूब रही थी जिस पर बैठकर मेरे जैसे कितने युवा लेखक स्वतन्त्र रचनाधर्म में दीक्षित हो रहे थे। उस दीवार पर बैठकर मैंने एक संक्षिप्त-सी जमानती अवधि में कितना कुछ लिख डाला, अब सोचकर आश्चर्य होता है। वह सारा लेखन—कहानियाँ, लेख, यात्रावृत्त, निबन्ध—मेरी पहली भाभी के लिए था। मुझे यक़ीन था कि वह टीकमगढ़ में सुखपूर्वक रहती है और मेरी लिखी हर चीज़ जतन और प्रेम से पढ़ती है। खुद को अभिव्यक्त करने के लिए लिखना शायद पत्रों में ही सम्भव हुआ हो, वरना सारा सार्वजनिक लेखन अपनी बात पहुँचाने का माध्यम था, और बात किसे पहुँचाई जा रही है, यह एकदम

स्पष्ट था। छोटे शहरों में फैला हुआ एक विशाल पाठक वर्ग था जो तब अंग्रेज़ी की दुनिया से अपनी सुरक्षा के लिए चिन्तित नहीं था। हिन्दी एक फैली-फैली जगह थी, जिस पर तरह-तरह के चेहरे चमकते थे। रंगमंच उस हृष्ट-पुष्ट युग की सबसे भरोसेमन्द पहचान कहा जा सकता है, हालाँकि पत्रकारिता से भी वही काम किया जा सकता है। फिल्म में ज़बर्दस्त प्रयोगशीलता का दौर आया हुआ था। उस समय की उन खास फिल्मों—उन्हें 'कला फिल्म' कहा जाने लगा था—को देखना किसी नौकरी या मकान के लिए फॉर्म भरने जैसा था; यदि कोई फिल्म चूक गई तो लगता था, काफ़ी बड़ा नुकसान हो गया। अभिव्यक्ति के लगभग हर क्षेत्र में इतने उत्साह और इतनी सहजता से अपनी भाषा का इस्तेमाल देखकर कौन यह कल्पना कर सकता था कि हमारी दुनिया उत्कर्ष के अन्तिम क्षणों में है और देखते ही देखते अब बिखराव का दौर शुरू होनेवाला है ? बनता हुआ इतिहास जीते जी भाँप लेना सदा ही मुश्किल रहा है। इकहत्तर से शुरू हुए दशक में इतिहास ने बड़े-बड़ों को झटका दिया। बाँग्लादेश बनवाकर इन्दिरा अटल बिहारी वाजपेयी के लिए दुर्गा बन गईं; पर तीन ही साल में इतनी कमज़ोर पड़ गईं कि शक्तिलाभ के लिए उन्हें पोखरण जाना पड़ा जहाँ भारत का भाग्य अब लम्बे समय के लिए अटक गया दिखता है। परमाणु परीक्षण को शान्तिपूर्ण कार्यक्रम बताने का झूठ एक अभ्यास-भर था, आपात्काल की घोषणा से झूठ की व्यवस्थित नीति लागू हुई। इतने झटकों के बीच बीते उस अर्धदशक में हिन्दी की रौशन महफ़िल का कोई बड़ा-से-बड़ा सदस्य यह नहीं ताड़ पाया कि हमारा सपना अब टूटने को है—अज्ञेय भी नहीं जिन्होंने और किसी से ज़्यादा दुनिया देखी थी और जो पंकज सिंह के शब्दों में जब देखो तब इस तरह यूरोप या अमरीका की तरफ निकल पड़ते थे जैसे टहलने जा रहे हों।

अभी कोई एक साल पहले पंकज से 'फिर' मुलाकात हुई। 'फिर' कहना अजीब लगता है कि क्योंकि पंकज और मैं कभी गहरे या बार-बार मिलनेवाले दोस्त नहीं रहे। फिर भी इस बार जब कोई पन्द्रह या शायद बीस साल या इससे भी ज़्यादा लम्बे अन्तराल के बाद उससे मुलाकात हुई तो पता नहीं किस बात पर हम दोनों की आँखें गीली हो आईं। इस बात को समझना कुछ कठिन ही है। आखिर हमारे बीच स्मृतियाँ ही कितनी थीं जिन्हें निजी कहा जा सके ? मेरे पास एक ही बड़ी स्मृति है जिसमें पंकज रात साढ़े दस बजे मेरे मॉडल टाउन वाले मकान में अचानक पहुँचकर सबसे पहले अपनी पैंट धो रहे हैं और मैं अपने नियमित जीवन के चक्कर में जल्दी सोने की फ़िक्र में हूँ। यह स्मृति शायद '73 के आस-पास की है। पिछले वर्ष की मुलाकात में हम इस स्मृति की खातिर रुआँसे हुए हों, यह थोड़ा अजीब होगा। मुझे पक्का यकीन है कि हम अपनी यादों की खातिर नहीं, उस वक्त की खातिर रोनी हालत में पहुँचे, और वह भी सिर्फ एक-दूसरे को देखकर। हमारे इर्द-गिर्द इंडिया इंटरनेशनल सेंटर की ठंडक फैली थी। हम उस माहौल में, जहाँ हिन्दी पढ़ने की कोई ज़रूरत नहीं समझी जाती, चाय पीते हुए अपने समय की आकांक्षा की हार का दर्द लिए बैठे थे।

क्या नाम दें उस आकांक्षा को ? उस दौर में लगता था कि सत्ताश्रय और लोकाधार दोनों से लैस हमारी भाषा की दुनिया देखते-ही-देखते फैलती जाएगी–उसमें गरिमा भी रहेगी, चमक भी। एक ही स्मृति पर्याप्त होगी; पूरी बात कह देगी। ज़रूर '72 का उत्तरार्ध रहा होगा। मोहन राकेश का 'आधे-अधूरे' लोकप्रियता की हदें छू रहा था। मैं त्रिवेणी के खुले आकाश के नीचे सामने से तीसरी या चौथी लाइन में बैठा था। शुरू के दृश्य में ओम शिवपुरी बगल से जाती रोशनी की पट्टी में सिगरेट के गाढ़े धुएँ से घिरने लगे थे, उसी समय एक-दो लाइन पीछे कुछ खुसर-फुसर हुई। मैंने क्या, किसी ने ध्यान नहीं दिया। वह तो जब इंटरवल के बल्ब जले, मैं उठने को मुड़ा तो खुसर-फुसर का कारण समझ में आया। इन्दिरा गाँधी दर्शकों के बीच बैठी थीं, बैठी रहीं।

थिएटर एक पैमाना था, जिस पर हिन्दी की हैसियत और हिन्दी की महफिल के आकार-प्रकार का अन्दाज़ लगाया जा सकता था। उस पैमाने को देखकर कोई नहीं बता सकता था कि महफिल उखड़नेवाली है, अंग्रेज़ी की महिमा–जो दरअसल कभी घटी नहीं–नए सिरे से स्थापित होनेवाली है। पूरा काम कई रंग-रूप लेकर सम्पन्न हुआ; कहीं इतिहास की तरह नाटकीय ढंग से, कहीं दोपहर की तरह नींद में। रघुवीर सहाय की जगह कन्हैयालाल नन्दन, राजेन्द्र माथुर की जगह विद्यानिवास मिश्र तो अस्सी के दशक की घटनाएँ हैं; सत्तर के दशक के मध्यान्तर यानी आपात्काल में सत्ता और वाणी दोनों नए परिधान पहनकर तैयार हुईं। दोनों की प्रान्तीयताएँ खत्म हुईं। दिल्ली का पठार ही सार्थक रह गया। यह सिकुड़न, संकोचन मेरे देखते नहीं हुआ, इसे मैं एक व्यक्तिगत गनीमत मानता हूँ, वरना मैं भी आगे चलकर 'हंस' की चलाई लेखमाला 'न लिखने के कारण' में भाग लेता। सत्तर के दशक का उत्तरार्ध मेरे लिए विदेश में बीता। डाक से हफ्ते-दर-हफ्ते 'दिनमान' व 'रविवार' से ढलती हुई दोपहरी का सन्देश मिलता रहा, पर विदेश में रहनेवाले को खबर, कैसी ही हो, सम्पर्क में रहने का सुख देती है। इक्यासी में मेरे लौटने तक पत्रिकाएँ लस्त पड़ने लगी थीं। 'नवनीत' बिकनेवाला था, गरियानेवाली 'सारिका' दरियागंज के उसी कबूतरखाने में आ गई थी जहाँ बहादुरशाह जफ़र मार्ग से निष्कासित 'दिनमान' था। कबूतरखाना सर्वेश्वर का दिया हुआ शब्द था। अपने अवरुद्ध जीवन को उन्होंने 'पराग' के जरिए खोलने की कोशिश की, मगर 'पराग' भी तो सूखकर बिखरने को तैयार था। सरकारी, गैर-सरकारी प्रतिष्ठानों से हिन्दी की मूर्ति हटवाई जा रही थी। नई प्रतिमाएँ, नए पुजारी, नए भक्तगण भारत की एक नई तस्वीर खींचे जाने की तैयारी में थे। एशियाड के बहाने टी.वी. रंगीन हुआ, नई तस्वीर खिंची और गाँव-गाँव में दिखाई जाने लगी।

देखो, उन्होंने हमारा महल कितनी निर्दयता से तोड़ा–यह कहते हुए रोते दिखना एकदम ग़लत होगा। हमारी अपनी ग़लतियाँ कोई कम नहीं थीं जो हम यानी हिन्दीवाले इस बुरी तरह लतियाए गए। अव्वल तो, राजनीति में हम चालाक निकले, रचना में कमज़ोर। हमारे अच्छे-अच्छे नेता अंग्रेज़ी हटाने की बात कहते रहे, पर उत्तर भारत में शिक्षा के सुधार की मुहिम न छेड़ सके। दक्षिण में हिन्दी का प्रचार हुआ, पर उत्तर में

एक भी दक्षिणी क्या, पूर्वी-पश्चिमी भारत की कोई भाषा पढ़ाने की चर्चा नहीं छिड़ी। त्रिभाषा फॉर्मूले की कमर हमने संस्कृत की मदद से तोड़ी। रचनाधर्मिता को लें; हम सब तरह के सरकारी संरक्षण के बावजूद अपने शहरों और गाँवों में पुस्तकालयों की श्रृंखला नहीं बना सके, और तो और, बड़े शहरों में भी किताबों की दुकानें नहीं खुलवा सके। भाषाभक्त, साहित्य प्रेमी प्रकाशकों की कमी नहीं रही, पर कायदे से चलनेवाली दुकानों की शुरुआत का सरदर्द मोल लेना किसी ने ज़रूरी न समझा। पर सबसे तकलीफ़देह ग़लती हमने बाल और किशोर साहित्य की अवहेलना करके की। राजपाल ने विश्व के किशोर उपन्यासों के संक्षिप्त रूपान्तर चालीस या इससे भी ज़्यादा वर्ष पूर्व (कोई कह नहीं सकता कितने क्योंकि राजपाल अपनी किताबों पर प्रथम प्रकाशन वर्ष नहीं छापता, और इस प्रवृत्ति पर लाख टीका-टिप्पणी कीजिए तो भी सुधार की सम्भावना नहीं है—हमारे प्रकाशक शायद इन टिप्पणियों को पढ़ते भी न होंगे) छाप दिया था, पर यह पुस्तकमाला किसी हिन्दी लेखक को दो-चार मौलिक किशोर उपन्यास लिखने की प्रेरणा न दे सकी। आज हमारे बच्चे चाचा चौधरी के कारनामे, 'नन्दन' और 'चम्पक' की घटिया कहानियाँ पढ़ने और दूरदर्शन के घटिया कार्यक्रम देख-देखकर बड़े होने को अभिशप्त हैं तो यह हमारी ही अकर्मण्यता का फल है। उधर ज्ञान-विज्ञान के तमाम क्षेत्रों में हिन्दी लेखन का शून्य छाती पीटने का एक अन्य वाजिब विषय है। मैं उस पर लिखता ही रहता हूँ और हर बार कोई-न-कोई हिन्दीभक्त यह कहे बिना नहीं रहता कि स्थिति इतनी बुरी नहीं है, हिन्दी ने बहुत प्रगति की है, वगैरह। इस वीराने को चमन का नाम देनेवालों की मनोवैज्ञानिक ज़रूरतें मैं समझ सकता हूँ।

लेखकों और पाठकों की नई पीढ़ी गढ़ने के लिए आज के उजाड़ के उस पार देख सकनेवाली कई जोड़ी आँखें चाहिए। उजाड़ बहुत ही लम्बा है, उसके पार हमारे समाज में उदारता, उत्सुकता, श्रमशीलता के नए अंकुर फूटते देखने के लिए अकूत कल्पना और भविष्य में आस्था चाहिए। राजाशाही, जाति और अफ़सरशाही के संस्कारों से जकड़े, शैक्षिक रूप से विपन्न, राजनैतिक चेतना के नाम पर गहरे कीचड़ में अनाज के दाने बीनते आज के हिन्दी समाज से भिन्न समाज की कल्पना कैसे करें ? कल तक इसी समाज में अपने बच्चों को किताबें खरीदकर देनेवाले लोग थे, दुनिया की ख़बर रखनेवाले टिप्पणीकार थे, यह मानने को मन नहीं करता। हर बार झाँसी से ली हुई दिल्ली की गाड़ी आगरा से गुज़रती है तो मुझे 'विज्ञान-लोक' की याद आती है, जो आगरा में छपती थी। बिना सरकारी अनुदान के मेहरा एंड कम्पनी ऐसी चमकीली पत्रिका, वह भी इस शहर से, कैसे निकालती रही होगी ? उसमें हर मास चलने वाली प्रश्न-प्रतियोगिता में पुरस्कार जीतनेवालों को आठ-आठ, दस-दस किताबें मिलती थीं। आज आगरा से क्या निकलता है ? आज कोई नज़ीर आगरा पर कैसे लिखे और क्या लिखे ? आगरा दुनिया के नक्शे पर हज़ारों ट्रेवल एजेंटों की मेज़ पर दिपदिपाता नाम है, डॉलरों में आकंठ डूबा है, पर रचना का रथ आगरा छोड़ चुका है। पहुँचा कहाँ है, यही सवाल है ?

वह जिस शहर में होगा वहीं मेरी पहली भाभी मुझे फिर मिलेगी, टीकमगढ़ उसने छोड़ दिया है। जाने के पहले आख़िरी भेंट में से एक मुलाक़ात में उसने अपने दर्जनों दुःख मुझे सुनाए थे। कहती थी, अब इस शहर में उसे कोई ठीक से पहचानता नहीं है। सड़क पर निकलती है तो लड़के तंग करते हैं। सड़क पर वैसे भी स्कूटरों, मोटर-साइकिलों के मारे जगह की तंगी हो गई है। पानी गड्ढे बनाकर भरना पड़ता है जैसे कुएँ लौट आए हों। ये बातें सुनकर मैंने कुछ कहने की कोशिश की, "भाभी, ये समस्याएँ तो हर जगह हैं, तुम जहाँ भी जाओगी ऐसी ही भीड़भाड़, पानी की तंगी, गुंडागर्दी, गन्दगी मिलेगी, फिर तुम टीकमगढ़ छोड़कर क्या करोगी ?" वह बोली, "भैया, तुम समझोगे नहीं। मैं पूछती हूँ, तुम ही यहाँ क्यों आते हो ? कौन पढ़ता है तुम्हें अब ? तुम्हारे पिताजी और माँ की वजह से लोग तुम्हें पहचानते थे। अब इसलिए पहचानते हैं कि तुम कभी-कभी टी.वी. पर दिखते हो। लोग सोचते हैं, तुम ज़रूर कोई बड़े आदमी बन गए हो। किसी दिन वक़्त-ज़रूरत पर काम आओगे। तुम दिल्ली में क्या करते हो, क्या कहते हो, क्या लिखते हो, किसी को इस सबसे मतलब हो ही नहीं सकता। अब यहाँ एक भी आदमी नहीं है जो तुम्हारा लिखा पढ़ता हो। नहीं, तीन आदमी हैं जो अभी तुम्हारे लिखे की खोज-ख़बर रखते हैं। एक तुम्हारा बचपन का दोस्त फूलचन्द्र; दूसरे पंडितजी, पर वे खुद इतने बीमार और उदास रहते हैं सब कुछ देखकर। एक और युवक है थोड़ा बावला, यशोवर्धन। पीछे पड़ा रहा कि सरकारी पुस्तकालय फिर खुल जाए पर असफल रहा बेचारा। सोचता था, लाइब्रेरी की अलमारियाँ खुलवाकर यहाँ की मरी हुई जिन्दगी को वापस बुला लाएगा। कलैक्टर, उप-संचालक—सबको हिलाया बेचारे ने, पर निकला क्या ? यहाँ अब किसे फुर्सत है किताब पढ़ने की ? लाइब्रेरी किसे चाहिए ?"

अपने अकेलेपन का—वह भी टीकमगढ़ में जहाँ 'कब आए ?' पूछनेवालों के मारे बाजार से निकलना मुश्किल हो जाता है—इतना निर्मम चित्रण सुनकर मैं अनमना हो गया, पर भाभी का संवाद जैसे मुझे मिसमिसाकर रख देने के लिए ही शुरू हुआ था, इसलिए जारी रहा—

"तुम सोचते हो, तुम्हारा टीकमगढ़ निराला था, सो वैसा ही रहेगा जैसा तुमने उसे तीस साल पहले छोड़ा था। कुछ भी तो वैसा नहीं रहा, पर जिसे तुम अपनी स्मृति कहते हो, वह तुम्हारी कल्पना ही है। तुम जिस यथार्थ को कभी-कभार आकर जीते हो, वह उसे रोज़ जीनेवालों के लिए वैसा नहीं होता जैसा तुम्हारे लिए होता है। मेरे पास बैठो, निडर होकर, आँखें खोलकर देखो, घबराओ मत, सच्चाई को देखो—तुम्हारा टीकमगढ़ शिवपालगंज बना जा रहा है। शिवपालगंज के बीज पूरे उत्तर भारत में थे—दक्षिण मैंने देखा नहीं—सो सही जलवायु पाकर हर जगह उग आए हैं। हाँ, पौधे कहीं छोटे हैं, कहीं लम्बे हो गए हैं, मेरी ज़िन्दगी के लायक कोई जगह निकल आएगी जहाँ वे अभी छोटे हैं। रह लूँगी। बहुत जी लिया यहाँ।"

भाभी कुछ देर मेरी तरफ चुपचाप देखती रही। हम दोनों रसोई की सीढ़ी पर

साथ-साथ बैठे थे। मुझे उदास, घबराया देखकर भाभी अपना लहज़ा थोड़ा बदलकर बोली—"तुम क्यों इतना परेशान होते हो ? इतना मोह भी ठीक नहीं। तुम्हारी दूसरी भाभी भी तो है।" यह कहते-कहते पहली भाभी हँसने लगी। कुछ-कुछ पागलों जैसी हँसी के बीचवाली साँस में बोली—"और तीसरी भी ! तुम्हें खुश रखेंगी दोनों ! वैसे भी तुम घर-गृहस्थी में इतने व्यस्त हो चुके हो। छोड़ो यह भ्रम कि दिल्ली तुम्हारा घर नहीं बनी है।"

इस मुलाक़ात के बाद दो-तीन और मुलाक़ातें हुईं, फिर उस गली के लोग भी भूल गए कि यहाँ कोई पढ़ी-लिखी औरत रहती थी। अभी अप्रैल में सुना कि भाभी का मकान तोड़ा जा रहा है, उसकी जगह फोटोकॉपी की दुकान बनेगी। राजेन्द्र यादव की उत्कंठा बनाए रखते हुए मैं टीकमगढ़ की यात्राएँ जारी रखे हूँ। कम-से-कम एक कारण तो यही है कि मुझे भाभी के लौट आने की आशा है। शायद वह इसीलिए टीकमगढ़ छोड़कर गई है जिससे मैं दिल्ली छोड़कर टीकमगढ़ आने के लिए दबाव महसूस करूँ। यह सच्चाई है या मेरे मन की कल्पना, इससे विशेष फ़र्क नहीं पड़ता क्योंकि भाभी से मेरा संवाद इसी तरह चलता रहा है। कभी-कभी यह प्रश्न मेरे मन में उठता है कि अपने को इतना महत्त्व देना कहाँ तक उचित है। युवावस्था में तो खैर ठीक है, पर पैंतालीस के पार तो कुछ आत्ममन्थन होना चाहिए। अपने को हटाकर, मिटाकर रखने की प्रवृत्ति का आकर्षण मुझमें बढ़ रहा है, लेकिन यह प्रवृत्ति लेखक बने रहने में बाधक है। लेखक छोटा हो या बड़ा, अहं के बिना लिखता नहीं रह सकता। हम इस महफ़िल को छोड़कर जाएँगे तो भी यह महफ़िल वैसी ही चलती रहेगी, इस आत्मज्ञान का मालिक कोई सन्त या दार्शनिक भले हो ले, लेखक नहीं हो सकता। 'लेखक होना' या 'लेखक हो लेना' अलग चीज़ है, लिखते रहना दूसरी चीज़ है। इस दूसरी चीज़ के लिए ही तमाम सहायक नदियों की ज़रूरत पड़ती है—लोग, जगहें, बातें जिनसे लेखक की आँखें भरी रहें। लोग पूछते रहें कि इन दिनों वह क्या लिख रहा है तो इससे फ़र्क पड़ता है।

समय भी तो एक सहायक नदी है जो हममें गिरती जाती है। कितने वर्ष 'दिनमान' में मेरा परिचय 'युवा प्राध्यापक' कहकर दिया जाता रहा। कितनी क्षिप्र थी उन वर्षों की रफ़्तार और कितना निराला था यह अहसास जो 'दिनमान' सप्ताह-दर-सप्ताह देता था कि हमें अपनी भाषा में सब कुछ पढ़ने-सोचने, जानने का सरल हक है। रघुवीर सहाय कितने दुर्लभ सम्पादक थे जो लेखकों में उम्र का भेद नहीं करते थे। उनके अथक उत्साह में बहकर दस वर्ष लगातार लिखना कल की बात लगती है और अभी जैसे परसों या नरसों की ही बात है जब 'धर्मयुग' में मेरी पहली कहानी छपी थी। शायद '72 था। उन दिनों 'धर्मयुग' में 'पहली कहानी' एक डिग्री हुआ करती थी। इसी तरह हर महीने शेखी बघारनेवाली पत्रिका 'सारिका' के युवा लेखन अंक में छपना एक मुहर की तरह होता था। मुहर पर वैसे तो कमलेश्वर का ही नाम था, पर मोहन राकेश और राजेन्द्र यादव का भी माना जा सकता था। उन तीनों ने एक परम्परा डाली थी, एक पहचान बनाई थी बात को एक खास ढंग से कहने की, चरित्रों और घटनाओं में इतिहास ढूँढ़ने

की। 'सारिका' में छपना उस परम्परा से जुड़ जाना था। इन पत्रिकाओं में छपने के लिए काफ़ी मेहनत करनी पड़ती थी। कई लेखक इस मेहनत के सफल होने पर मद में इतने चूर हो जाते थे कि फिर वे वैसा लिख ही नहीं पाते थे जैसा लिखकर 'सारिका' या 'धर्मयुग' में पहली बार छप सके थे। यानी एक राह पर पहचाने गए थे। उस राह को कसौटी मान लेना सही नहीं है, असल बात पहचाने जाने की, अपने दस्तखतों में एक परिचय पैदा कर देने की होती है। साहित्य अन्ततः एक मोह ही है, एक समय का, कुछ राहगीरों का जिनमें लेखक भी होते हैं, पाठक भी। इसलिए आज कोई मेरा परिचय किताब के जैकिट पर सत्तर के दशक के लेखक या कहानीकार की तरह दे तो मुझे क्यों खलेगा ?

यह ज़रूर है कि वह दशक—उसका पूर्वार्ध भी—अभी मैंने ठीक से टटोला नहीं है। मैंने जब पहली बार कहानी की विधा पर ओकॉनर की किताब 'द लोनली वॉयस' पढ़ी थी तो जैसे तय कर लिया था कि मैं जीवन-भर इसी विधा में लिखूँगा—यानी कथानक वाला सत्य कहानी में ही खोलूँगा। उपन्यास मुझे बहुत बोझिल विधा लगती थी। पर अब एक कहानी इतनी लम्बी होने लगी है कि लगता है, उपन्यास नहीं तो लघु उपन्यास बनकर छोड़ेगी। यही कुछ निबन्ध में हो रहा है। इस विधा से भी मेरा प्रेम बहुत पुराना है, पर अभी कुछ समय पहले नर्मदा पर लिखते-लिखते लगा कि निबन्ध प्रबन्ध बना जा रहा है। क्या हर्ज़ है ? सागर के मेरे पुराने मित्र श्यामबिहारी राय हमेशा ही मेरे छोटे लेखों को पिरोकर बड़े और बड़ों को पिरोकर पुस्तक बनवाते रहे हैं। ये नई किताबें लिखते-लिखते मुझे लगने लगा है कि जिसे मैं 'मेरा समय' कह रहा हूँ, वह लौटने को है। मुझे पता है, इस संस्मरण का अन्त मुझे इतने हौसले से करता हुआ पाकर मेरी पहली भाभी अपनी लाख उदासी के बावजूद, जहाँ भी होगी, क्षण-भर को खुश होगी।

आजाद बच्चे फिर जन्म लेंगे ?

पश्चिमी समाजों में जितने परिवर्तन पिछली दो सदियों के दौरान हुए, उतने से अधिक परिवर्तन भारत के समाज में पिछले पचास वर्षों में हुए हैं। असहयोग आन्दोलन से लेकर मौजूदा (यानी अस्सी के) दशक की शुरुआत तक के दौर में हमारे सामाजिक सम्बन्धों की बुनावट कई स्तरों पर बदली है जिनमें से एक स्तर बच्चों और बड़ों के सम्बन्धों का है। इस स्तर पर हुई फेरबदल को पहचानने का एक माध्यम पिछली अर्ध-शताब्दी का हिन्दी बाल साहित्य है। सड़क पर खुलनेवाली खिड़की में बैठकर लगातार बदलते दृश्यों का जायजा लेने जैसा आनन्द आज़ादी के दो-तीन दशक पहले से लेकर आज़ादी के दो-तीन दशक बाद तक की बाल पत्रिकाएँ और पुस्तकें पढ़कर लिया जा सकता है।

1930 तक हिन्दी की दो महत्त्वपूर्ण बाल पत्रिकाएँ *बालक* और *बालसखा* काफी लोकप्रियता हासिल कर चुकी थीं। बालक की शुरुआत 1916 में रामलोचन शरण शर्मा ने की थी। स्कूल में पढ़ाते-पढ़ाते उन्हें बच्चों के लिए कल्पनाशील किताबों की कमी महसूस हुई और इस कमी को पूरा करने के लिए उन्होंने पटना में एक छोटा-सा प्रकाशन शुरू किया। *बालक* की शुरुआत के एक वर्ष के भीतर *बालसखा* का प्रकाशन इलाहाबाद के इंडियन प्रेस से आरम्भ हुआ। यह गौरवशाली प्रकाशन संस्था अपनी साहित्यिक पत्रिका *सरस्वती* में हिन्दी के शीर्षस्थ लेखकों और कवियों को प्रकाशित कर रही थी। *बालक* और *बालसखा* दोनों के सम्पादक बच्चों का साहित्य छापने को एक गम्भीर साहित्यिक प्रयास मानते थे। समाज में बच्चों के उत्कृष्ट साहित्य की भूमिका और ऐसे साहित्य के सम्पादन व प्रकाशन की चुनौतियाँ वे अच्छी तरह समझते थे।

चौथे दशक का हिन्दी लेखक साहित्य की रचना को एक आत्मविश्वासी और अपनी सांस्कृतिक धरोहर से परिचित समाज के निर्माण का माध्यम मानता था। देशी संस्कृति में गर्व और आत्मनिर्भरता की भावना से ओतप्रोत साहित्य देश की आजादी के संघर्ष में एक महत्त्वपूर्ण भूमिका निभा रहा था। आजादी की लड़ाई एक जनसंघर्ष का रूप ले चुकी थी हालाँकि अभी बहुत से लोगों के मन में आज़ाद भारत का सपना स्पष्ट न था। बाल साहित्य में आज़ादी के संघर्ष का माहौल, अकेले, अडिग और आत्मविश्वासी बच्चों के चित्रण में उभरा।

बच्चे की इस छवि का सबसे साफ अंकन प्रेमचन्द की 'ईदगाह' कहानी में मिलता है, जो 1933 में पहली बार छपी थी। हामिद नाम का एक ग़रीब मुस्लिम लड़का ईद

के मेले से घर वापस आते समय धनी पड़ोसियों से वाद-विवाद में फँस जाता है। इन पड़ोसियों ने अपने पैसे मिट्टी के खिलौने खरीदने में खर्चे हैं; हामिद ने अपने इने-गिने तीन पैसे लोहे का चिमटा खरीदने में। उसकी इस पसन्द पर बच्चे उसे चिढ़ाते हैं। हामिद का तर्क है कि चिमटा मिट्टी के उस डॉक्टर से, जो जरा-सी नमी बर्दाश्त नहीं कर सकता, और उस सिपाही से, जो एक भी हमला नहीं कर सकता, बेहतर है। घर पहुँचते-पहुँचते हामिद अपने धनी व घमंडी साथियों से यह मनवा लेने में सफल हो जाता है कि खिलौनों के मामले में उनकी पसन्द मूर्खतापूर्ण थी। हामिद की विजय तब और पक्की हो जाती है जब घंटे-भर में वह ख़बर गाँव में फैलती है कि छोटे भाई-बहनों से हुई लड़ाई में सारे खिलौने क्षत-विक्षत हो गए हैं। दूसरी तरफ हामिद की बूढ़ी दादी यह सुनकर अपने आँसू नहीं सँभाल पाती कि चिमटा दादी की उँगलियों को रोटी पलटते वक़्त जलने नहीं देगा।

हामिद का यह भरोसा, कि उसका निर्णय न केवल सही था बल्कि औरों के निर्णयों से ज्यादा अच्छा था, स्वतन्त्रता के पहले लिखे गए साहित्य के बाल चरित्रों की एक आम विशेषता थी। और यह विशेषता लड़कों तक ही सीमित नहीं थी। सुदर्शन की कहानी 'सबसे अच्छा बस्ता' में यशोदा नाम की एक लड़की अपने खूबसूरत बस्ते को इसलिए उधेड़ देती है जिससे वह सड़क पर पड़ी बेघरबार बुढ़िया के घावों को ढाँप सके। यशोदा का बस्ता उसकी माँ ने खूब मेहनत करके इस उम्मीद में बनाया था कि यशोदा स्कूल के सबसे अच्छे बस्ते का इनाम जीतेगी। यशोदा को बस्ते के बग़ैर स्कूल आते देखकर उसकी अध्यापिका नाराज होती है। पर जब अध्यापिका को मालूम पड़ता है कि यशोदा ने अपने बस्ते का क्या किया, तब वह निस्संकोच यशोदा को बस्ते की प्रतियोगिता की विजेता घोषित कर देती है।

स्वाधीनता संघर्ष के दौरान लिखी गई असंख्य कहानियों और कविताओं में हमारी भेंट ऐसे बच्चों से होती है जो बड़ों की सलाह या सहायता पर निर्भर नहीं हैं, ये बाल चरित्र अपने विवेक के अनुसार चलते हैं और जरूरत पड़ने पर बड़ों से उलझने में संकोच नहीं करते। राघवप्रसाद सिंह की एक कविता में बालक गणेश अपने महाशक्तिवान पिता शंकर से कहता है—

मैं बालक हूँ आप बड़े हैं,
बल में कितने बड़े-चढ़े हैं।
लेकिन कुछ परवाह नहीं है,
डर सकता क्या वीर कहीं है !

यह कविता 1932 में हिन्दुस्तानी बुक डिपो, लखनऊ से प्रकाशित और आचार्य रामचन्द्र शुक्ल द्वारा सम्पादित कक्षा 3 व 4 की पाठ्य-पुस्तक में शामिल थी।

बच्चों की लोकप्रिय पत्रिका *वानर* के 1933 के एक सम्पादकीय में चेतावनी दी गई थी कि बच्चे ऐसे प्रार्थना गीतों में विश्वास न करें जिनमें बच्चों को असहाय, कमजोर और ईश्वर की कृपा पर आश्रित बताया गया हो। बच्चे की दीनतापूर्ण छवि, जो भारत-

समेत कई समाजों में लम्बे समय से प्रचलित रही है, चौथे और पाँचवें दशक के बाल साहित्य लेखकों को स्वीकार नहीं थी। वे बचपन की मुक्ति को समाज की मुक्ति की तैयारी और शर्त मानते थे।

बच्चे का यह बिम्ब अधिक दिन नहीं टिक सका। स्वाधीनता संघर्ष की सफल समाप्ति होने तक प्रकाशन व्यवसाय में नई प्रवृत्तियाँ उभरने लगी थीं। आदर्श की धुन में शुरू किए गए प्रकाशन गृह बड़े स्तर पर उत्पादन और वितरण में समर्थ धनी संस्थानों की स्पर्धा में डूबने लगे। बाल पत्रिकाओं और पुस्तकों का प्रकाशन प्रान्तीय नगरों से महानगरों की ओर खिसकने लगा। सातवें दशक की शुरुआत तक कई पुराने प्रकाशन गृह बन्द हो चुके थे या रोटी की खातिर सिर्फ पाठ्य पुस्तकें छापने में समर्थ रह गए थे। उनकी सांस्कृतिक भूमिका बड़ी प्रकाशक कम्पनियों, रेडियो, सिनेमा और अन्ततः दूरदर्शन ने छीन ली।

प्रकाशन व्यवसाय में परिवर्तन के साथ-साथ ग्राहकों की सांस्कृतिक चेतना भी बदली। आजादी के पहले का बाल साहित्य मुख्यतः प्रान्तीय नगरों के मध्यमवर्ग में पढ़ा जाता था। सांस्कृतिक रूप से आश्वस्त यह वर्ग देशी जीवन-शैली और भाषा की हिफाजत और सेवा करना अपना कर्त्तव्य मानता था। इलाहाबाद, लखनऊ और पटना जैसे शहरों के मध्यमवर्ग के इस चरित्र पर आजादी के तुरन्त बाद के वर्षों में कई तरह के दबाव पड़े। राजनीति, संचार और शिक्षा—सभी क्षेत्रों में हावी हो रही महानगरीय संस्कृति ने प्रान्तीय मध्यमवर्ग की सांस्कृतिक वरिष्ठता को चुनौती दी। इस द्वन्द्व में सामाजिक व्यवहार और चिन्तन के नेतृत्व की भूमिका प्रान्तीय मध्यमवर्ग के हाथ से निकल गई। सांस्कृतिक सुरक्षा के कुछेक द्वीप अवश्य इधर-उधर रह गए पर छोटे शहरों की संस्कृति ने महानगरों के नवधनिक वर्गों की प्रभुसत्ता के आगे घुटने टेक दिए।

इन परिवर्तनों का बच्चों के जीवन और साहित्य पर गहरा असर पड़ा। महानगरों के नवधनिक मध्यमवर्ग की महत्त्वाकांक्षाएँ सत्ता की राजनीति और पूँजीवादी अर्थ-नीतियों का आश्रय पाकर तेजी से बढ़ीं, जिसके परिणामस्वरूप बच्चों के लालन-पालन और विकास के प्रतिमान बदले। प्रतियोगिता की भावना और उसे पुष्ट करनेवाले मूल्यों पर शैशवावस्था से बल दिया जाने लगा। बच्चों पर इस बात का दबाव डालना एक फैशन बन गया कि वे जल्दी-से-जल्दी पढ़ना-लिखना सीखें और दूसरों को पीछे छोड़ दें। सोचने के तरीकों, बातचीत और बर्ताव—सभी में यह आशा की जाने लगी कि बच्चा एक नन्हे वयस्क सरीखा लगे।

बच्चों के सामाजिक व्यवहार के इन बदलते प्रतिमानों को फैलाने में बाल साहित्य की स्पष्ट भूमिका रही है। आजादी के पहले का बाल साहित्यकार दुनिया को बच्चे की नजर से देखने की कोशिश करता था, आज का बाल साहित्य लेखक बच्चे को बड़े की कसौटियों पर तोलता है। यह परिवर्तन बाल साहित्य में चरित्र-चित्रण, विधा के चयन और प्रस्तुति के स्तरों पर प्रकट हुआ है। यह परिवर्तन एकाएक नहीं हुआ। हिन्दी का सर्वोत्कृष्ट बाल-उपन्यास 'एक डर पाँच निडर' आज़ादी के दस साल बाद लिखा गया

था। इसके लेखक सत्यप्रकाश अग्रवाल ने सारे चरित्र सामान्य जीवन से लिये हैं, पर आजकल चरित्र के स्तर पर 'सामान्य' की जगह 'विशिष्ट' ने ले ली है। कोई आश्चर्य नहीं कि जीवनी प्रकाशकों और लेखकों दोनों की मनपसन्द विधा बन गई है। इसलिए, राजनीति, धर्म और संस्कृति के प्रसिद्ध व्यक्तियों की जीवनियों के अलावा पौराणिक चरित्रों के आख्यान बाल साहित्य की सामग्री के तौर पर इस्तेमाल किए जा रहे हैं।

जीवनी की विधा का सबसे ज्यादा बिकनेवाला रूप चित्रकथा (कॉमिक्स) का है, यद्यपि सादे रेखाचित्रोंवाली किताबें भी आसानी से उपलब्ध हैं। 'अमर चित्रकथा' माला ने बाल साहित्य की बिक्री के पिछले सारे रिकॉर्ड तोड़ दिए हैं। इस चित्रकथा के ग्राहकों में दुनिया-भर में फैले प्रवासी भारतीयों के बच्चे शामिल हैं। चित्रकथा की देखा-देखी ढेरों दूसरी चित्रकथाएँ धड़ल्ले से छपने और बिकने लगी हैं। करोड़ों की संख्या में छप रहे रंगीन चौखटों में बच्चे स्वयं अपनी झलक कभी-कभार ही देख पाते हैं क्योंकि कथानक का फोकस हमेशा किसी बड़े पर होता है। बच्चे जब कभी दिखाई देते हैं तो एक कोने से झाँकते, किसी बड़े का प्रेरणादायक करतब देखते हुए। कथानकों और चरित्रों का चयन अक्सर सांस्कृतिक राष्ट्रवाद के नज़रिये से किया जाता है जो कई स्थितियों में साम्प्रदायिक रंगत लिये रहता है। यह सही है कि आज़ादी के संघर्ष के सन्दर्भ में उभरे राष्ट्रवाद की बाल छवियाँ भी कई बार साम्प्रदायिक रंगत लिये रहती थीं (खासकर चालीस के दशक में), पर अमर चित्रकथा जैसे कामिक्स में उभरने वाला सांस्कृतिक राष्ट्रवाद कहीं ज्यादा नियोजित प्रतीक-योजना लिये रहता है।

इधर के दस पन्द्रह-वर्षों में* अनेक ऐसी कहानियाँ और कुछ उपन्यास लिखे गए हैं जिनकी केन्द्रीय भूमिका तो एक बच्चे या बच्चों के समूह ने निभाई है, लेकिन समूचा घटना-क्रम किसी वयस्क की निगाह से प्रस्तुत किया गया है। ऐसी रचनाओं का बाल नायक एक फॉर्मूला चरित्र होता है। यह किसी अभिभावक, शिक्षक या अन्य किसी हितैषी की धारणाओं के मुताबिक व्यवहार करता है। उदाहरण के लिए शान्ति भटनागर के उपन्यास 'माँ का आँचल' में रोहित अपने दुश्चरित्र दोस्तों के साथ शहर भाग जाता है जहाँ उसे गरीबी, अपमान और तरह-तरह की धमकियाँ सहनी पड़ती हैं। भिखारी की तरह उसका इस्तेमाल करने के लिए उसे अपाहिज बनाने की तैयारी की जाती है। तभी सौभाग्य और साहस के बल पर वह बच निकलता है और घर लौट आता है, पूरे उपन्यास में रोहित एक गत्ते का मॉडल बना रहता है जिसकी उपयोगिता माता-पिताओं के आम डरों और मूल्यों की प्रस्तुति के माध्यम के रूप में है। वह उपन्यास का नायक भले हो, एक चरित्र नहीं बन पाता। उसका अंकन केवल इस दृष्टि से किया गया है कि उसे और उस जैसे लड़के-लड़कियों को कैसा बनना चाहिए, कैसा नहीं बनना चाहिए।

आज प्रकाशित होनेवाली बाल पत्रिकाओं पर नजर दौड़ाएँ तो एक नहीं, दर्जनों

---

* यह लेख 1982 में लिखा गया था।

रोहित मिल जाएँगे। आज बिक रहे बाल साहित्य में चित्रित बच्चा नन्हा शैतान हो सकता है, नन्हा सैनिक और नन्हा गाँधी भी, पर एक सामान्य बच्चे जैसा वह शायद ही कभी दिखता हो। प्रायः उसका सारा व्यक्तित्व किसी एक गुण में समाया रहता है। जब वह अपने हमउम्र साथियों के बीच होता है, उस समय वे भी उसकी एकाग्र साधना में हिस्सा लेते हैं। वह उनसे एक जिम्मेदार बड़े की तरह बर्ताव करता है। अक्सर वह स्वयं को और अपने साथियों को चेतावनी देता है कि एक भी बचकाना कदम घातक होगा। वह बड़ों के योग्य समझे गए काम करता है और अन्त में बड़ों की वाहवाही पाकर दम लेता है। आज़ादी के पूर्व गढ़े गए बाल चरित्रों से तुलना करें तो स्पष्ट दिखता है कि आज के बाल-नायक बड़ों के संसार में पराक्रमी माने जाने वाले काम करते हैं।

एक और उदाहरण लें। रामकुमार भ्रमर के उपन्यास 'डाकुओं के बीच' में चन्दन नाम का लड़का हजार डाकुओं के गिरोह का हृदय-परिवर्तन करने के इरादे से निकलता है। कुत्ते को साथ लेकर वह कई खतरे उठाता है और आखिरकार डाकुओं के मुखिया पर अपनी कड़ी लगन और पवित्र भावना की छाप छोड़ने में सफल होता है। हृदय परिवर्तन के क्षण में दस्युराज सोचता है कि कहीं यह लड़का भगवान का अवतार तो नहीं था।

यह संयोग मात्र नहीं है कि सपाट आदर्शवादिता में पगे बालचरित्रों की लोकप्रियता ऐसे समय में जोर पकड़ रही है जब हिन्दी प्रान्तों के समाज का एक बड़ा हिस्सा धर्म और मिथक के प्रचार की लहर में है। इस लहर की तह में आर्थिक ताकत और सांस्कृतिक सुरक्षा की प्यास छिपी है। प्यास को शान्त करनेवाले प्रतीक मध्यम वर्ग के वास्तविक बच्चों के जीवन में दुर्लभ हैं और यही कारण है कि आज बाल साहित्य में बच्चे का चित्रण मिथकों और आदर्श चरित्रों के माध्यम से हो रहा है। यदि मिथक में विश्वास करना हो तो हम आज आई लहर के उतर जाने पर साहित्य में असली बच्चों के पुनर्जन्म की आशा कर सकते हैं। कालचक्र का मिथक—जो उत्थान और विखंडन के बाद पुनर्जन्म का आश्वासन देता है—हमारे समाज की ही रचना है।

हमारा फटा हुआ कलावितान

बीस साल से कोई सर्कस नहीं देखा था। संयोग से इस बार दशहरे और दिवाली के बीच तीन सर्कस देख लिए। सर्कस के साथ एक विशाल तम्बू और खूँखार जानवरों की कल्पना मेरे मन में बचपन से जुड़ी है। तीसरे सर्कस में न तम्बू था, न जानवर। यह सोवियत सर्कस था जो भारतीय सांस्कृतिक सम्बन्ध परिषद् के तत्त्वावधान में दिल्ली के आलीशान तालकटोरा स्टेडियम में आयोजित था। यह स्टेडियम एशियाड के दौरान बना था, इसी से मैं यह कल्पना कर रहा था कि बन्दोबस्त काफी जबर्दस्त होगा। पर स्टेडियम में पहुँचकर सारे अन्दाज चकनाचूर हो गए। भारी पुलिस और खानातलाशी तो अब सिनेमा में भी होती है, पर तालकटोरा में रूसी सर्कस की सम्पन्नता मेरे लिए अभूतपूर्व थी।

सर्कस और सम्पन्न ? भारतीय माहौल में सर्कस उतना ही गरीब है जितनी तमाम अन्य लोक या कुटीर कलाएँ। कुछ लोककलाएँ थोड़ा-बहुत सरकारी संरक्षण पा चुकी हैं, पर सर्कस के कलाकार अपनी दुबली रोजी खुद कमाते हैं। बचपन में कोई सर्कस जब टीकमगढ़ आता तो किले के मैदान में जैसे फटी हुई गुदड़ी बिछ जाती। तम्बू और कनातें तो फटेहाल होती ही थीं, लड़कियों और बच्चों के शरीरों, खासकर चेहरों पर शैशव की गरीबी के निशान दूर से दिख जाते थे। माँ और अन्य लोगों के मुँह से सुन रखा था कि सर्कस के लिए नए कलाकारों की भर्ती अनाथालयों से होती है। सर्कस की संस्था सामाजिक जीवन की उसी बाहरी परिधि पर रखी जाती थी जिस पर अनाथालय, बैंड-बाजेवाले और घुमन्तू जनजातियाँ थीं। हम उन्हें कौतूहल से देखते थे; उनके करीब जाना चाहते थे, पर करीब जाना मना था। बच्चों को धमकाने का एक मुहावरा यह भी था कि सर्कसवाले पकड़कर ले जाएँगे।

बाहरी परिधि से कोई चीज जब भीतर के दायरों से आती है तो रोमांच पैदा करती है। फिर सर्कस में तो कई किस्म के रोमांच गुँथे हैं—नाटक और जादू का, बाजीगर और मदारी का, खेल और जोखिम का। बीस या तीस फीट ऊँचाई पर लटकी लड़की को जोखिम-भरे करतब करते देखकर रसोई में अपना अधिकांश समय बितानेवाली औरत और तोंद निकाल चुके नौकरीपेशा आदमी या दुकानदार को एकदम झुरझुरी आ जाती है। यही झुरझुरी लेने लोग सैकड़ों की संख्या में रोज पहुँचते जाते हैं। सर्कस को कभी और कहीं दर्शकों का टोटा नहीं सहना पड़ता। बावजूद दर्शकसुलभता के सर्कस की

गरीबी मिटी नहीं है। यात्रा, बिजली, शेरों के लिए मांस, और हरेक अन्य चीज की महँगाई ने सर्कस को मायूस बना रखा है। आज के युग में वह राज्य के संरक्षण के बगैर नहीं चल सकता।

तालकटोरा स्टेडियम के सोवियत सर्कस में गरीबी के चिह्न होने का प्रश्न नहीं था क्योंकि वह एक सम्पन्न राज्य की संस्था है। संस्कृति मन्त्रालय उसे चलाता है और रूस-भर में कोई 17,000 लोगों को सर्कस में काम करने के लिए वेतन देता है। प्रतिदिन रूस के आठ सर्कस-दल कहीं-न-कहीं अपना प्रदर्शन करते हैं और प्रतिवर्ष चुनिन्दा कलाकारों के दल विदेश भेजे जाते हैं। प्रशिक्षण का जिम्मा भी सरकार का है। मेधावी बच्चे सात वर्ष की आयु में चुन लिए जाते हैं पर सोलह वर्ष का होने तक उनकी शिक्षा और ट्रेनिंग होती है, इसके बाद ही वे प्रदर्शनों में हिस्सा लेते हैं।

इन बातों की तुलना भारतीय सर्कस से करने की क्या जरूरत है ? तुलना तो आँधी ने कर दी। उधर करोड़ों रुपए की लागत से बने तालकटोरा स्टेडियम की पक्की सुरक्षा में अतिथि सर्कस चल रहा था कि लाल किले के सामने चल रहे वीनस सर्कस का तम्बू एकाएक आई आँधी से गिर पड़ा। पाँच बजे के आस-पास अचानक बादल घिर आए और तेज हवा चलने लगी। वीनस सर्कस के मालिक प्रेम कुमार ने असाधारण होशियारी का परिचय देते हुए मौसम विभाग से सम्पर्क किया और वहाँ से मिली चेतावनी के आधार पर जानवरों को तेजी से उनके कठघरों में बन्द कर दिया। लोगों को निकल जाने को कह दिया और अधिकांश लोग सुरक्षित निकल भी गए। लेकिन अभी कुछ लोग बचे थे और उन्हीं में से दो तम्बू के गिरने पर दबकर मर गए। कई घायल हुए जिनमें से एक बाद में अस्पताल में मर गया। प्रेम कुमार को पुलिस ने गिरफ्तार कर लिया और उनका लाइसेंस रद्द कर दिया गया।

पता नहीं सरकारी व्यूह में कितना संघर्ष करके यह लाइसेंस प्रेम कुमार ने पाया होगा। पक्की बात है कि उस वक्त किसी अधिकारी ने वीनस सर्कस के तम्बू का मुआयना करना जरूरी नहीं समझा होगा। प्राइमरी स्कूल की छत, अस्पताल की टंकी, शादी की प्रकाश-व्यवस्था का मुआयना कभी कोई अधिकारी करता है ? वीनस सर्कस के तम्बू में तो फिर भी कुछ जान थी। दशहरे पर टीकमगढ़ आए एशियन सर्कस का तम्बू फटा हुआ आकाश था। पर करतब में यह सर्कस वीनस से आगे था। उसे सोवियत सर्कस की तरह सरकारी संरक्षण मिला होता तो उसके कलाकार रूसियों को पीछे छोड़ देते। संगीत की व्यवस्था भी इस सर्कस में बड़ी प्यारी थी। कोने में दो जीवित वादक बैठे थे जो अपने हिसाब से धुन चुनकर बजाते थे।

वीनस और एशियन दोनों ही अपनी लड़कियों पर बहुत अधिक निर्भर थे। हमारे समाज में सर्कस और जादू दोनों शायद सिनेमा के प्रभाववश लड़की के शरीर का अधिकाधिक प्रयोग करने को विवश होते चले गए हैं। एक ऐसे समाज में जहाँ पुरुष मन में नारी शरीर को लेकर अनन्त मकरजाल और सीलन-भरे अँधेरे बैठे हों, वहाँ जादू के प्रदर्शन में लड़की के दो टुकड़े कर देना या सर्कस में सत्रह न्यूनवस्त्रा किशोरियों का

पिरामिड बना देना—वाह-वाह के स्तर की प्रशंसा पाने का भरोसेमन्द माध्यम बन जाता है। नारी शरीर की सेक्स-अपील का इस्तेमाल तो रूसी सर्कस में भी था—इतना कि कोई भारतीय सर्कस करे तो तम्बू फटने के पहले किसी अन्य कानून में बन्द कर दिया जाए। पर सोवियत सर्कस अपनी लड़कियों पर निर्भर नहीं था। उसमें पुरुष शरीर की लोच और क्षमताओं के लिए पर्याप्त जगह थी।

एशियन सर्कस के तार-तार तम्बू के नीचे काम करनेवाली उत्तर-पूर्व की दिखनेवाली दो लड़कियों के चेहरे मुझे याद रह गए हैं। उन्हीं दो के चेहरों पर आत्म-गौरव और अपने काम में दक्षता से मिलनेवाले आनन्द के चिह्न थे। बाकी युवकों, किशोरियों और बच्चों के हाव-भावों में दीनता और दीन होने के अहसास से आई चुप्पी लिखी थी। वे जैसे यह मान्यता पुष्ट करने के लिए भर्ती किए गए थे कि सर्कस हमारी संस्कृति और कला की एकदम बाहरी, लगभग अछूत परिधि में खड़ी परम्परा है। सर्कस की कलाएँ भारत से निकलकर पूरी दुनिया में फैलीं, यह बात याद रखना उन्हें देखते हुए मुश्किल था।

यह बात याद है भी किसे ? भारतीय सांस्कृतिक सम्बन्ध परिषद् को याद होती तो वह भारतीय सर्कस को भी तालकटोरा स्टेडियम में कराने का प्रबन्ध करती और सरकार से कहती कि इस कला में लगे मनुष्यों को दुर्बल रखना हमारे देश के लिए शर्म की बात है। पर दूसरे की आवभगत में रेशम बिछा देना और अपने बच्चों को पटरे पर सुला देना—यह भी भारतीय संस्कार ही है न ? इसीलिए रूसी सर्कस ने पाँच सितारा होटलों में मौज की और प्रेम कुमार की जमानत के लिए दिल्ली के किसी कला साधक या संस्थान ने कोशिश नहीं की। कोई अकादमी, कलाकेन्द्र या संगठन नहीं है जो कहे कि प्रेम कुमार की कम्पनी के कलाकार उसी शरीर की लोच और गरिमा के साधक है जिसकी नाना भंगिमाओं से हमारी कलासंस्कृति का प्रतीक विधान बुना गया है। जातिप्रथा समाज में ही नहीं, कला में भी समाई है।

हास्य की सामर्थ्य

किसी-किसी मुकद्दमे के दौरान कोई नौजवान यह बताता है कि जुर्म उसने जिस ढंग से किया, वह ढंग उसने सिनेमा में देखा था। इस तरह के इक्का-दुक्का प्रसंगों के अलावा और कोई ठोस सबूत यह कहने के लिए जुटाना कठिन होगा कि फिल्म का व्यक्तिगत और सामाजिक जीवन पर असर पड़ता है। इस बात का ठोस सबूत प्रस्तुत करना और भी कठिन होगा कि फिल्मों में दिखाया गया जीवन एक प्रतिमान बन गया है जिसकी अनुकृतियाँ लोग अपने जीवन में प्रस्तुत कर रहे हैं।

पवित्रतावादी लोग जो धर्म के पुनरुत्थान और शिक्षा में चरित्र के प्रशिक्षण के हिमायती हैं अक्सर कहते रहते हैं कि सिनेमा देखकर हमारे बेटे-बेटियाँ बिगड़ रहे हैं। यह शिकायत करनेवाले लोग बताते हैं कि आज के सामाजिक जीवन में भाईचारे और मर्यादा के उल्लंघन की घटनाएँ ही इस बात का प्रमाण हैं कि फिल्मों का असर पड़ता है। पवित्रतावादियों की मुख्य शिकायत कामवासना को लेकर है और इस शिकायत का खास मुद्दा वे औरतों की पोशाक और प्रचलित पोशाकों की काम जागरण शक्ति को मानते हैं। यह बात वे छिपा जाते हैं कि औरत के इर्द-गिर्द रीति और कर्म-कांड की गिरफ़्त मजबूत करते चले जाने में उन्हें बहुत-सी मदद बम्बई के फिल्म उद्योग से मिली है। यही नहीं, परिवार और पूँजी के अनेक पुराने मिथकों को सिनेमा ने संरक्षण दिया है और नई परिस्थितियों में कारगर ऐसे नए मिथक जो वर्गीय रिश्तों की पुरानी बुनावट को पुख्ता बनाएँगे, सिनेमा ने गढ़े हैं। जाहिर है कि काम वासना और कभी-कभी हिंसा को लेकर धार्मिक पुनरुत्थान के समर्थक जो नाराज़ी प्रकट करते हैं वह नकली है क्योंकि एक गहरे स्तर पर बम्बइया सिनेमा उन्हें खुश रखता है।

सिनेमा के असर को जाँचने में दिलचस्पी रखनेवाले सई परांजपे की फिल्म 'चश्मे बद्दूर' से कुछ नई प्रेरणा ग्रहण करेंगे। हँसी पैदा करने के लिए इस फिल्म में आम फिल्मों के फॉर्मूलों की नकल की गई है। उद्देश्य यह है, और कहीं-कहीं यह एकदम साफ तौर से अभिव्यक्त किया गया है कि देखनेवाले यह पहचानें कि उनका अपना जीवन किस हद तक फिल्मों की नकल बनकर रह गया है। खासतौर से शहरों और कस्बों के धनी और नवधनिक वर्गों के युवजन इस फिल्म को देखकर शायद यह पहचान सकेंगे कि वे कितना पिटा-पिटाया जीवन जी रहे हैं।

'चश्मे बद्दूर' देखते हुए शुरू-शुरू में लगता है कि नायक ही एकमात्र मौलिक

व्यक्तित्ववाला चरित्र है क्योंकि वह अपनी सिनेमाई क्षमताओं से बेगाना है। उसका पढ़ाकूपन और लड़कियों के प्रति उसका अज्ञान नायकत्व के फिल्मी फॉर्मूले से अलग चीज़ें कतई नहीं हैं, पर कहानी के और चरित्रों की तुलना में दर्शक काफी देर तक उसे कुछ अलग किस्म का पात्र पाता है। उसके दोनों दोस्त और नायिका फिल्में देख-देखकर जीना सीखे हैं और अपने हर काम में वे फिल्मों से मिली शिक्षा का इस्तेमाल करते हैं। मध्यान्तर तक दर्शक को लगता है कि लड़की को आकर्षित करने में नायक को सफलता इसीलिए मिली क्योंकि वह किसी की नकल नहीं कर रहा था, बल्कि एक साधारण विश्वविद्यालयी लड़के की तरह पेश आ रहा था। चरमोत्कर्ष की तरफ कहानी को ले जानेवाला एक क्षण वह आता है कि जब नायक के दोनों दोस्त उसकी सफलता से ईर्ष्यावश उसके मन में लड़की के चरित्र के बारे में सन्देह पैदा कर देते हैं। उनकी कोशिश एकदम कामयाब होती है और यहीं नायक की मौलिक छवि टूट-फूट जाती है। अपनी प्रेयसी को पाने के लिए अब उसे ठीक उन्हीं योजनाओं और भाग्यचक्र की विडम्बनाओं का सहारा लेना पड़ता है जो एक आम फिल्म के अन्तिम हिस्से में दिखाई जाती हैं। 'चश्मे बद्दूर' के अन्तिम हिस्से में हास्य और संघर्ष की तेज झटक के बीच नायक के फिल्मी दोस्त ही थोड़ी बहुत मौलिकता दिखा पाते हैं जब वे एक क्रूर और दुर्धर्ष खलनायक से विनती करते हैं—"विलेन साहब, हमें छोड़ दीजिए।" इस जगह तक आते-आते सई परांजपे की कहानी सिनेमा की उस परम्परा को समर्पित हो जाती है जिसका मजाक उड़ाने के इरादे से वह चालू हुई थी। पुलिस दैवी शक्ति के रूप में प्रकट होती है और सब भले लोगों को दुष्टों के चंगुल से छुड़ाती है।

यह फिल्म लीकबद्ध सिनेमा देख-देखकर ऊब चुके दर्शक को कुछ राहत देगी, पर क्या वह कला माध्यमों को जीवन के तनावों से राहत पाने का साधन मानने की प्रवृत्ति पर कोई असर डाल सकेगी ? पत्रिकाओं और पुस्तकों, फिल्मों और संगीत सभी को आज यह कहकर बेचा जा रहा है कि वे आपको रोज़मर्रा के दबावों और भविष्य की चिन्ताओं से राहत देंगे। ये प्रसार माध्यम किन उद्देश्यों और मूल्यों के हित में इस्तेमाल किए जा रहे हैं, इस तरह के सवालों के लिए राहत की साधना में जगह नहीं है।

कला को राहत का रास्ता बनाने की पहल राजनीति में हुई होगी, जहाँ जनकल्याणमुखी राज्य की कल्पना को राहत कार्य की तैयारी करनेवाली व्यवस्था में बदल दिया गया। अकाल, बाढ़, रेल दुर्घटना और महामारी को राहत की राजनीति ने छिटपुट खबरें बनाकर छोड़ दिया है। यहाँ तक कि करोड़ों लोगों का शोषण भी राहत का विषय बनकर रह गया है। समाज की हर समस्या के प्रति राहत का रवैया इस्तेमाल करनेवाली व्यवस्था सभी किस्म के प्रसार माध्यमों का प्रयोग लोगों का ध्यान चालू संरचना के दोषों से हटाने के लिए करती है। लक्ष्य यह रहता है कि लोग संरचना के द्वारा पैदा किए गए तनावों को कुछ देर के लिए भूल जाएँ।

सई परांजपे की फिल्म भी तनावों को शिथिल करती है पर भुलावे में डालकर नहीं, बल्कि सिनेमा के मोह जगत को हास्य के जरिए तोड़कर। कला माध्यमों में हास्य का

पुनरुत्थान करने को उत्सुक लोग इस फिल्म से प्रोत्साहित होंगे। आज के राजनैतिक वातावरण में बड़े पैमाने पर संवाद आरम्भ करने के लिए कला की अनेक शैलियों के मुकाबले हास्य ज्यादा कारगर ठहरेगा पर उसके प्रयोक्ता इने-गिने ही नजर आते हैं। इनमें काफी तादाद उन लेखकों व कलाकारों की है जिन्होंने हास्य और व्यंग्य को भी राहत का माध्यम बना दिया है।

इस शताब्दी में हास्य का बहुत गम्भीर इस्तेमाल करनेवाली कलाकृतियों में लिंडसे एंडरसन की फिल्म 'ओ लकी मैन' है, जिसे बनाकर एंडरसन ने अपने फिल्मी जीवन से विदा ले ली। उनकी यह फिल्म यूरोप और उत्तरी अमेरिका के तमाम विश्वविद्यालयों में हर साल कई-कई बार दिखाई जाती है। साल-दर-साल युवजन इस फिल्म को देखकर अपने जीवन को पागलपन पर सवार सत्ताधारियों के मंसूबों से बचाकर जीते रहने की शक्ति ग्रहण करते हैं। फिल्म का नायक अन्त में आत्महत्या कर लेता है और उस क्षण किसी को हँसी नहीं आती। उस समय मन में भारी कड़वाहट-भर रह जाती है जो उन तमाम क्रूर राजनैतिक अनुभवों की सम्मिलित याद होती है जिनके बीच फिल्म का नायक तीन घंटे से ऊपर समय हँसाता रहा। इस याद के साथ यह पाठ भी मन में रह जाता है कि बच्चू, तुमने एक भी गलत निर्णय लिया तो जिन्दगी के सब सुख हराम हो जाएँगे, यह जानते हुए भी हँस सकते हो तो हँस लो।

जिन्दगी के लिए जगह

कार्टून के लिए 'व्यंग्यचित्र' शब्द का प्रचलन हिन्दी में पता नहीं किसने शुरू किया। इस अनुवाद की सीमा लक्ष्मण की इस पुस्तक* को देखते ही स्पष्ट हो जाती है। लक्ष्मण अंग्रेजी के अखबार में रोज कार्टून बनाते हैं, इसलिए हिन्दी में वे एक व्यंग्यकार के रूप में जाने जाते हैं। मध्य प्रदेश पर उनकी यह पुस्तक बताती है–कहकर नहीं, चित्रों के जरिए–कि लक्ष्मण की चित्रकला व्यंग्य में सीमित नहीं है। व्यंग्य का सामर्थ्य उसमें है, पर इस सामर्थ्य से कहीं ज्यादा व्यापक और इस सामर्थ्य को एक विशेष शक्ति देनेवाली करुणा का सामर्थ्य भी है।

करुणा का दायरा व्यंग्य से अधिक व्यापक है। यह बात कहने की जरूरत नहीं होनी चाहिए, पर है क्योंकि माहौल करुणा को व्यंग्य का विलोम समझने का है। इस माहौल में यह पूछा जाना सम्भव है कि यदि कोई करुणा कर सकता है तो व्यंग्य क्यों करेगा ? इस प्रश्न का उत्तर यह पूरी किताब है। इसके 100 चित्रों में दिए गए उत्तर का शब्दों में अनुवाद यह होगा कि करुणा और व्यंग्य दोनों जीवन को सींचते हैं, इसलिए एक-दूसरे के विरोधी कैसे हो सकते हैं। करुणा दृष्टि को तरलता देती है, व्यंग्य पैनी चमक देता है। जिस समाज में करुणा के लायक परिस्थितियाँ लुप्त होती दिखती हैं, व्यंग्य उनके लिए जगह बनाता है।

ज़िन्दगी जगह घेरती है। खाना बनाना हो तो कहीं छिलके फेंकने को जगह चाहिए। छिलके यदि गाय को खिलाने हों तो गाय के आने-जाने लायक जगह चाहिए। बच्चे को अच्छी तरह से बड़े होने देना है तो उसके खिलौनों, कागज की कतरनों, पुरानी टूटी-फूटी चीजों के लिए जगह चाहिए। टोकरी नहीं, फैली हुई जगह जिस पर सब सम्मान से बैठ सकें। जगह की दृष्टि से देखें तो लगता है कि फोकस ज़िन्दगी का पक्षधर नहीं है। फोकस चाहे कैमरे से किया जाए या दिमाग से, वह जीवन के विकेन्द्री स्वभाव से मेल नहीं खाता। अखबार की रपट की तरह कैमरा एक चीज को उसके इर्द-गिर्द बहते अस्तित्व-चक्र से काटने की कोशिश करता है। शायद इसीलिए फोटोग्राफी में यह एक विशेष उपलब्धि मानी जाती है कि फोकस की गई चीज अलग से न दिखे। कहानीकार इस समस्या को घटनाक्रम की मदद से सुलझा लेता है। लक्ष्मण की किताब देखते-देखते

---

* मध्य प्रदेश : रैंडम स्केचेस।

मुझे यह बात समझ में आई कि इस आदमी ने फोकस की जरूरत और अस्तित्व-चक्र की अनिवार्यता के बीच सामंजस्य बिठाने के लिए 'ज़िन्दगी के लिए जगह' के सिद्धान्त का इस्तेमाल किया है। लक्ष्मण के चित्रों में घास का तिनका भी जगह पाने के लिए आतुर और जगह पाकर सन्तुष्ट और प्रसन्न दिखता है। हर चित्र में आप जिस किसी चीज पर गौर करेंगे, आपको लगेगा यही लक्ष्मण का फोकस है। पर यह एक भ्रम होगा, क्योंकि लक्ष्मण की निगाह का फोकस कहीं नहीं है और सब जगह है। चित्र के दायरे में आई हर चीज, भले वह दुनिया की व्यापकता में कितनी ही नाचीज हो, बराबर महत्त्व की दिखाई देती है। चीजों में न कोई सम्मानक्रम है, न कोई तकनीकी विभाजन। लक्ष्मण के रेखाचित्र के चौखटे में पूरी समता है। और यही शायद लक्ष्मण के व्यंग्य की धार है। एक विषमताग्रस्त समाज में समता का एक छोटा-सा चौखटा रचकर वे बताते हैं कि देखो, यह सम्भव है।

एक चित्र में वे एक सर्किट हाउस दिखा रहे हैं। एक ऐसी इमारत जो हर जिले में पाई जाती है और औपनिवेशिक युग से आज तक नौकरशाहों की सत्ता और सुविधाभोगिता का प्रतीक बनी हुई खड़ी है। सर्किट हाउस के सामने वे एक बैल दिखाते हैं जिसके पास एक पेड़ की छाया में डंडा लिए खिचड़ी बालों और सूखी घास जैसी दाढ़ीवाला बैल का मालिक बैठा है। यदि आप ध्यान से देखें तो बैल से थोड़ी दूर एक औरत झुककर घास की सफाई कर रही है। बैल का भारी-भरकम डील और उसके मालिक की निरीहता—जो डंडे से भंग नहीं होती—सर्किट हाउस की शालीनता में एक जरूरी विक्षेप पैदा कर रहे हैं। अफसरों की आवभगत की खातिर सर्किट हाउस को लकदक बनाए रखने के लिए जो भृत्यजगत चौबीस घंटे तैनात रहता है, उसकी याद बैल के मालिक के हाथ का डंडा देखकर तुरन्त आती है। पर यदि यह डंडा या उस पर रखा हुआ हाथ ही चित्र का फोकस होता तो यह चित्र एक व्यंग्यचित्र होकर रह जाता। फोकस-चित्र भर में कहीं नहीं है और जब आँखें कहीं जमने की कोशिश करती हैं तो बैल इस कोशिश को रोककर बरबस ध्यान अपनी तरफ खींच लेता है। वह अफसरी आभिजात्य की बाड़ के भीतर खूब इत्मीनान से घास खा रहा है।

मवेशी और घरेलू जानवर व पक्षी लक्ष्मण के विशेष दूत हैं। जहाँ कहीं इतिहास की स्तब्धता, संस्कृति की ओढ़ी हुई शालीनता या व्यस्त जिन्दगी की थकान का आतंक फैलने का डर होता है, ये दूत उसे भंग करने उपस्थित हो जाते हैं। कौए लक्ष्मण को विशेष प्रिय हैं। कौओं पर उनकी एक समूची प्रदर्शनी लग चुकी है जो अब एक किताब के रूप में उपलब्ध है। बकरियाँ, बैल, गाय और कुत्ते मध्य प्रदेश की इस पुस्तक में जगह-जगह दिखते हैं और वन्य पशुओं पर तो पूरा एक खंड है जिसके पहले चित्र में एक हिरण दूर से शिवपुरी के राष्ट्रीय उद्यान में विश्रामगृह के सामने खड़ी जीप देख रहा है। ऐतिहासिक स्थल हों या बाजार या घर, पशुओं की उपस्थिति एक अलग उद्देश्य पूरा करती है। कहीं पशु व्यवस्था की—यानी व्यवस्था को पूरी तरह हावी न होने देने की—खातिर है तो कहीं सिर्फ अपनी उपयोगिता की खातिर। पर पशु की सबसे

जरूरी भूमिका मुझे चाय-नाश्ते के आम होटल के चित्र में नजर आई। झाँसी स्टेशन के प्लेटफॉर्म पर खाना खाने का अनुभव मुझे अक्सर होता है और हमेशा एक कुत्ता पूरी उत्सुकता से मेरे इर्द-गिर्द प्रतीक्षा करता है, हालाँकि मैंने उसे कभी इस प्रतीक्षा की उपयोगिता का प्रमाण नहीं दिया। मैं उस पर खीझता हूँ, उसे भगाता हूँ। लक्ष्मण के चित्र में दिखाए गए होटल में भी एक कुत्ता है। बेंच पर बैठा एक अस्त-व्यस्त—शायद यात्रा या बेरोजगारी या सिर्फ शिक्षा पद्धति का सताया हुआ—नौजवान चाय पी रहा है। पास में एक कुत्ता अपनी गर्दन को पूरी शक्ति से उठाए देख रहा है कि शायद मुझे भी कुछ मिले। पूरे चित्र में थकान ही थकान है। पेड़ से लटका टायर भी क्लान्त नजर आता है। वह उत्प्रेक्षायी ढंग से कह रहा है—ऊबड़-खाबड़ सड़कों पर बहुत चल लिया, अब एक शिथिल किन्तु सुखी प्रेत की तरह इस मजबूत पेड़ से लटका हूँ। थकान से पैदा होनेवाली विरक्ति के इस माहौल में कुत्ते की गर्दन में गजब की प्रेरणा है, तनाव है—जीवन की शुद्ध झटक जिसे मैं अगली बार झाँसी स्टेशन पर बैठकर अवश्य जाँचूँगा। पर यह भी मुझे याद रखना होगा कि कला भी जिन्दगी की झटक ही है, उसका रोजाना का हिस्सा नहीं।

इस किताब को देखते-देखते अपने प्यारे प्रान्त की सैकड़ों तरह से याद आती है। बरसात के बाद एक-दो महीने में ही सूख जानेवाली, ऊँची-नीची जमीन जिस पर वनस्पति उतनी ही विरल है जितनी समृद्धि, अतीत जगह-जगह सूखी घास की तरह उगा हुआ है, कहीं पहचाना गया, पर्यटकशोभित, कहीं उपेक्षित किन्तु सुन्दर-पर्यटक, सुरक्षित ?— यही वह भूखंड है जिसे अब मध्य प्रदेश कहने लगे हैं। भूगोल ही मध्य प्रदेश के समाज की लोकसम्पत्ति है। इतिहास तो अनेक हैं, तने-खिंचे इतिहास। उनमें जाइए तो चित्त को शान्ति नहीं मिलेगी। शान्ति तो इतिहास के बुर्ज पर है जहाँ से दूर तक फैला प्रान्तर दिखता है, या किसी मड़िया के पास भरे तालाब में, जहाँ भैंसें गर्दन तक डूबी हुई हैं।

हिन्दी की गिरफ्तारी

हिन्दी में किताबों की बिक्री कमजोर नहीं है, अच्छी किताबों की बिक्री कमजोर है। भगवतीचरण वर्मा या मन्नू भंडारी की कोई किताब पन्ना या अलवर जैसे नगरों में ढूँढ़ना व्यर्थ होगा, पर वेदप्रकाश या ओमप्रकाश के उपन्यास आसानी से मिल जाएँगे। दिल्ली सरीखे सर्वसुविधासम्पन्न शहर में यदि आप रेणु या भीष्म साहनी की कोई किताब खरीदना चाहें तो आपका एकमात्र गन्तव्य आसफ अली रोड पर स्थित डिलाइट नामक सिनेमा होगा जिसके करीब एक तहखाने में राष्ट्रभाषा के साहित्य की एकमात्र ठीक-ठाक दुकान है। इसके विपरीत यदि आप 'दूध का बदला' या 'साँसों की आँधी' पढ़ना चाहें तो, सुन्दर नगर से लेकर नजफगढ़ तक किसी भी बस्ती के बाजार में आपकी जरूरत पूरी हो जाएगी। जो प्रकाशक इस तरह की जरूरत को पूरा करनेवाला साहित्य छापते हैं, वे अपने उत्पादनों की बिक्री से इतना कमा लेते हैं कि पुल बंगश पर कपड़े धोने की मशीन के साइनबोर्ड के बगल में उतना ही बड़ा साइनबोर्ड अपने नए उपन्यास का लगवा सकें। सस्ते साहित्य की ऐसी पहुँच देखकर मैं अक्सर इस सोच में पड़ जाता हूँ कि हिन्दी क्षेत्र के शिक्षित समाज की आखिर वे कौन-सी विवशताएँ हैं जो अच्छे साहित्य पर पाठकों की नजर नहीं पड़ने देतीं।

मुझे लगता है कि शिक्षा के प्रसार ने हिन्दी समाज में जो आकार ग्रहण किया है, वह इस समस्या की बुनियाद में है। यह एक जटिल विषय है और मैं पाठक को आगाह करना चाहूँगा कि वह लेख के इस हिस्से को यह मानकर उड़ती निगाह से न पढ़ें कि यहाँ तो एक पुरानी, परिचित बात ही कही जा रही है। मैं शिक्षा के प्रसार की रफ्तार या निरक्षरता का मुकाबला कर सकने में शिक्षा की असमर्थता की बात नहीं कर रहा हूँ। मेरा ध्यान यहाँ उस विभक्त स्कूली संस्कृति पर है जिसकी एक धारा मिल्स एंड बून और हार्डी ब्वायस से होती हुई बारबरा कार्टलैंड और जेम्स हैडली चेज की तरफ चली जाती है और दूसरी 'बाल भारती' में दी गई द्वारिका प्रसाद माहेश्वरी की कविता को कंठस्थ करती हुई वयस्क जीवन में प्रवेश के क्षण तक पहुँचते-पहुँचते हिन्दी के लालित्य को भूल चुकी होती है। इन दो धाराओं को संस्थायी नामों से पहचानना हो तो पहली का नाम है इंग्लिश मीडियम पब्लिक स्कूल, सिविल लाइन और दूसरी का नाम है शासकीय उच्चतर माध्यमिक विद्यालय, लाचार नगर।

पब्लिक स्कूलों में अधिकांशतः वे बच्चे पढ़ने आते हैं जिनके माता-पिता अपेक्षाकृत

सम्पन्न हैं। यह जरूरी नहीं कि ऐसे बच्चों के घर पर किताबें पढ़ी जाती हों, पर किताबें खरीदने की क्षमता इस वर्ग में अवश्य होती है। पब्लिक स्कूलों में भी हिन्दी पढ़ाई जाती है, मगर हिन्दी की घंटी का चरित्र इतना संकीर्ण और इस घंटी की गतिविधियों का स्वरूप इतना औपचारिक व उबाऊ होता है कि रोज होने के बावजूद यह घंटी साहित्य पढ़ने की इच्छा किसी बच्चे के मन में पैदा नहीं कर पाती। वैसे भी पब्लिक स्कूल के परिवेश में हिन्दी की औकात बहुत कम होने से उसके साहित्य का महत्त्व बच्चों के मन में स्थापित नहीं हो पाता। ऊपर से हिन्दी की घंटी जिस पाठ्यक्रम और जैसी पाठ्य-पुस्तकों के तहत चलती है, वे साहित्य के प्रति अनुराग पैदा नहीं ही होने देतीं।

हिन्दी की घंटी सरकारी स्कूलों में भी वैसी ही होती है क्योंकि पाठ्यक्रम वही होता है जैसा कि पब्लिक स्कूल में, सिर्फ परिवेश का फर्क होता है। हिन्दी नाम के विषय का औपचारिक शिक्षण साहित्यिक संस्कारों को कुचलने, भाषा में विनोद और सहज आनन्द के स्रोत ढूँढ़ने की बाल-वृत्ति पर कठोर अंकुश लगाने और आम जिन्दगी से भाषा की शिक्षा का सम्बन्ध काटने में कोई कसर नहीं रखता। सरकारी स्कूल में पढ़नेवाले बच्चों में से बहुत कम के माता-पिता ऐसी आर्थिक हैसियत और ऐसे मिजाज के होते हैं जो उन्हें किताबों का नियमित खरीदार बनाए। हिन्दी की क्रूर घंटी के असर से यदि कोई बच्चा बच भी निकले और साहित्यिक रुचि की किताबें पढ़ना चाहे तो लाइब्रेरी जैसी कोई सुविधा उसे नहीं मिलती। मैं कितने ही सरकारी स्कूलों में गया हूँ जहाँ एक खासी लाइब्रेरी है—यानी किताबें हैं, अलमारियाँ हैं, कुर्सियाँ हैं, मेज़ें हैं—पर काम करनेवाली लाइब्रेरी कभी-कभार ही देखने को मिली है। ज्यादातर लाइब्रेरियों की अलमारियों में ताले पड़े रहते हैं और लाइब्रेरियन कुर्सी में ही पैर समेटे या जब कभी मेज पर उन्हें फैलाए मक्खियों से बचाव के लिए अखबार चेहरे पर फैलाए ऊँघता रहता है। कई जगह लाइब्रेरी की नियमित घंटी होती है जिसमें बच्चे आते हैं, मेज पर बिखरे तुड़े-मुड़े अखबार और 'चम्पक' और 'नन्दन' जैसी पत्रिकाओं के पुराने, फटे हुए अंक पलटकर कुछ गप लगाकर चले जाते हैं। बड़े होकर जब कभी समय बिताने के लिए उन्हें किताब की आवश्यकता महसूस होती है तो वे सस्ते जेबी साहित्य का सहारा लेते हैं।

इस प्रकार गम्भीर साहित्य के रसिक वर्ग के उभरने की सम्भावना को शिक्षा व्यवस्था निरन्तर नष्ट करती चलती है। मुझे इस बात का कोई संकेत नजर नहीं आ रहा कि शिक्षा व्यवस्था की इस भूमिका में कोई परिवर्तन निकट भविष्य में होने की सम्भावना है। आर्थिक नीति में बाजार की शक्तियों और शिक्षा में निजी संस्थाओं की बढ़ोत्तरी की प्रवृत्ति के विस्तार को देखते हुए यह आशा लगाना एकदम व्यर्थ है कि स्कूली संस्कृति का विभाजन घटेगा। सम्भावना यही है कि पब्लिक स्कूल बढ़ेंगे, अंग्रेजी का प्रभुत्व और आकर्षण भी बढ़ेगा, और हिन्दी साहित्य के पाठकों का दायरा सिमटा ही रहेगा। कुछ सीमित सुधारों की कल्पना अवश्य की जा सकती है यदि ऐसे सुधारों के लिए व्यवस्था पर दबाव डालनेवाले स्थानीय समूह उभरें। एक ऐसा सुधार सरकारी स्कूलों में लाइब्रेरी की व्यवस्था को सुचारु रूप से चलाने का हो सकता है जिसके प्रभाव

काफी दूरगामी होंगे। एक अन्य सुधार स्कूली शिक्षा के प्रत्येक स्तर पर हिन्दी के पाठ्यक्रम में परिवर्तन करके लाया जा सकता है। परिवर्तित पाठ्यक्रम व पाठ्य-पुस्तकों का उद्देश्य भाषा और साहित्य की शास्त्रीय जानकारी की जगह बच्चे के मन में साहित्यिक कृतित्व के प्रति जुड़ाव और रसिकता का भाव पैदा करना होगा। इस उद्देश्य को पाने के लिए हिन्दी विभाग के मौजूदा जड़ रूप को भी झकझोरना होगा। शिक्षक यदि साहित्य को रस और अलंकार की स्वीकृत व्यवस्था के प्रसार का माध्यम समझता रहेगा, तो कोई भी नया पाठ्यक्रम सफल नहीं हो सकता। हमें हिन्दी के शिक्षक को इस बात के लिए तैयार करना होगा कि वह साहित्यिक रचनाओं के प्रति बच्चे की निजी प्रतिक्रिया को केन्द्र में रखे और कक्षा में ऐसी परिस्थितियाँ पैदा करे कि पढ़ी हुई रचनाओं को बच्चे जिन्दगी के दैनिक अनुभवों से जोड़ने के लिए उत्साहित महसूस करें।

प्रश्न उठाया जा सकता है कि स्कूली संस्कृति तो देश-भर में विभक्त है और भाषा की घंटी तो किसी भी प्रान्त में बहुत जीवन्त नहीं है, फिर बंगाल या महाराष्ट्र में साहित्य की पहुँच हिन्दी क्षेत्र की तुलना में अधिक क्यों है ? आखिर हिन्दी-भाषी लोगों की संख्या अन्य सभी भारतीय भाषाएँ बोलनेवाले लोगों से अधिक है। प्रश्न बहुत ही टेढ़ा है। यह एक आम अनुभव है कि अपनी भाषा और उसके साहित्य के प्रति जैसा अनुराग हम अन्य भाषा क्षेत्रों में देखते हैं, वैसा हिन्दी क्षेत्र में नहीं देखते। कोई बंगाली या तमिलभाषी कितना ही अंग्रेजी पढ़ ले, पश्चिमपरस्त हो जाए, फिर भी बँगला या तमिल पत्र और अखबार उसके घर आते रहते हैं और उसके बच्चों को अपनी मातृभाषा बोलने की पर्याप्त सामर्थ्य घर में ही प्राप्त हो जाती है। इस बात के कुछ अपवाद भी होते हैं। पर उनकी कुल संख्या बहुत ही सीमित होती है। इसके विपरीत हिन्दी क्षेत्र की स्थिति यह है कि अंग्रेजी माध्यम स्कूल में पढ़ लेने का पहला अर्थ अपनी भाषा को दफना देना होता है। सच तो यह है कि अंग्रेजी पढ़-लिख लेना भी हिन्दी के प्रति हिमाकत का भाव रखने के लिए आवश्यक नहीं है। हिन्दी हमारी भाषा है, इसमें हमें दक्ष होना ही चाहिए, इसके साहित्य से हमें, हमारी सन्तान को परिचित होना ही चाहिए, यह भाव हिन्दी क्षेत्र के मध्यमवर्गीय माता-पिताओं में दुर्लभ है। बिहार में अंग्रेजी माध्यम स्कूल या केन्द्रीय शिक्षा बोर्ड से जुड़े किसी भी स्कूल से पढ़कर आए छात्र की 'मातृभाषा' कॉलेज या विश्वविद्यालय के रजिस्टर में कानूनी तौर से अंग्रेजी दर्ज की जाती है और इससे किसी के मान का मर्दन नहीं होता। न अभी तक किसी की भावनाओं को चोट पहुँचने की शिकायत प्रकाश में आई है।

दिल्ली जैसे महानगर में हर प्रान्त से आए लोग रहते हैं। यहाँ ऐसे शिक्षित बँगला, मराठी या मलयालमभाषी घर ढूँढ़ना कठिन होगा जहाँ इन भाषाओं की कोई-न-कोई पत्रिका न आती हो। उधर हिन्दी प्रान्तों से आए ऐसे शिक्षित परिवार बिरले हैं जहाँ हिन्दी की पत्रिकाएँ या पुस्तकें पढ़ी जाती हों। विदेशों में बसे हिन्दीभाषियों की भी यही स्थिति रहती है। जहाँ तक बच्चों का सवाल है, वे स्कूल में जो हिन्दी सीख लें सो सीख लें, घर पर हिन्दी के साहित्य या इस्तेमाल में रुचि लेनेवाला उन्हें कोई न मिलेगा।

पब्लिक स्कूलों में पढ़नेवाले बच्चे जब हिन्दी बोलते हैं तो वाक्य-रचना ही हिन्दी की होती है, शब्दावली अंग्रेजी से दबी रहती है, जैसे मेरी एक छात्रा का यह वाक्य लें—"मेरे नेबर के हाउस के स्टैप्स पर एक ब्लैक डाग टाइ रहता है।" ऐसी हिन्दी अब सरकारी स्कूल में पढ़े हुए बच्चे भी बोलने लगे हैं। दिल्ली क्या, भोपाल और लखनऊ जैसे शहरों में भी यदि आप साफ-सुथरी हिन्दी बोलते पाए जाएँ तो लोग खासकर युवा लोग, कह उठते हैं—"आप हिन्दी बड़ी अच्छी बोल लेते हैं।" ऐसी प्रशंसा का पात्र बनने का मौका मिलने पर मेरा दिल ग्लानि से भर उठता है और मैं धृष्टतापूर्वक यह सवाल कर बैठता हूँ—"क्या आप किसी फ्रेंचभाषी से कहेंगे कि वह फ्रेंच बहुत अच्छी बोल लेता है ?" पर असली बात मुझे मालूम है—कि हिन्दी को लोग अपनी भाषा नहीं मानते। राष्ट्र की, सरकार की भाषा-भर मानते हैं।

हिन्दी के प्रति अपनत्व की कमी की समस्या के स्रोत की खोज में हम थोड़ा पीछे चलें तो हमें हिन्दी की राजनीति के उस कीचड़ के दर्शन होंगे जिसने सन् 1930 और 1960 के बीच हिन्दी के चरित्र को निर्णायक मोड़ दिया। यह कथा लम्बी है और मैं इसे अन्यत्र कह भी चुका हूँ। (देखिये मेरी पुस्तक *विचार का डर* में 'हिन्दी का सपना' शीर्षक लेख)। कथा का सार यह है कि स्वतन्त्रता आन्दोलन के अन्तिम दशकों में हिन्दी उन नेताओं का अस्त्र बन गई जो भावी स्वतन्त्र देश की राजनीति को एक अस्मितावादी चरित्र देना चाहते थे। उनके उत्साह और अथक प्रयासों ने एक ओर हिन्दी को उसकी विभिन्न उन्नत बोलियों से काटा और दूसरी ओर उर्दू से, जो दरअसल हिन्दी का ही एक रूप थी। इस दुतरफा कटाव से हिन्दी उस विशाल जनसमुदाय से बेगानी हो गई जो इस भाषा को उसके विविध रूपों में सदियों से बोलता आया था। बेशक यह जनसमुदाय निरक्षर था, निर्धन बनाया गया था, और इसकी अधिकांश जनसंख्या उन जातियों की थी जिन्हें आज हम पिछड़ी और दलित जातियाँ कहते हैं। हिन्दी क्षेत्र के अभिजन ने 'राष्ट्रभाषा' के नाम पर जो भाषा गढ़नी चाही, वह खड़ी बोली हिन्दी की संस्कृतनिष्ठ बना दी गई शैली थी जो वास्तव में किसी की जुबान नहीं थी, बस एक योजना थी।

यह योजना आजादी के बाद सरकारी आदेश, संरक्षण और पैसे से अमल में लाई गई। देखते ही देखते यह हिन्दी आधुनिक प्रसार माध्यमों पर छा गई। शिक्षा के लिए भी उसी का प्रयोग किया गया। उच्च शिक्षा के माध्यम के रूप में हिन्दी को चिन्तन और लेखन के जरिए नहीं, अनुवाद के जरिए विकसित करने का प्रयास किया गया जो बुरी तरह असफल रहा। पर सरकारी कार्यप्रणाली में कोई गलती कब मानी जाती है ? और हिन्दी के मानकीकरण, अनुवाद के बल पर अभिवृद्धिकरण और प्रसार-प्रोत्साहन आदि उद्यमों में तो सैकड़ों विशेषज्ञ सहर्ष संलग्न थे, फिर ये उद्यम एक गलती कैसे मान लिए जाते ? हुआ यह कि हिन्दी देखते-देखते एक लिखित भाषा बन गई, क्योंकि सरकारी तन्त्र में भी उसे कोई बोलता नहीं है, सिवाय उन उद्घोषकों या वाचकों के जो इस हिन्दी को बोलकर दिखाने के लिए ही पदासीन किए गए हैं।

हिन्दी को राष्ट्रभाषा बनानेवालों ने हिन्दी को अन्ततः एक ऐसी भाषा बनाकर छोड़ा जो बेहद औपचारिक थी। उसे बरतना गैरजरूरी हो गया, बस, उसकी पूजा-अर्चना ही काफी थी। फलाँ व्यक्ति हिन्दी के प्रति समर्पित है, यह मुहावरा चल पड़ा और उन तमाम प्रचारकों, अधिकारियों और नेताओं के लिए इस्तेमाल किया जाने लगा जो हिन्दी की पूजा से ही जीवन-यापन और यश अर्जित करते थे। इस पूजित हिन्दी का प्रयोग सुविधापूर्वक करनेवालों में अधिकांश विश्वविद्यालयों के हिन्दी विभाग में पढ़े लोग थे। हिन्दी एक तरह की संस्कृत बना दी गई जिसके पंडित-प्रचारक नए-नए शब्द गढ़ने के लिए आमन्त्रित और नियुक्त किए जाने लगे। उन्होंने जन-जन की जुबान पर रहने और सदियों के लोक-विमर्श से बने शब्दों को हिकारत के साथ मिटाकर, 'प्राणी उद्यान', 'तदर्थ', 'आयुर्विज्ञान', 'धूम्रपान' और 'भूमिगत पथ' को सरकारी पैसे के रोगन से लिखवाया। आज यही हिन्दी हमारे इर्द-गिर्द पसरी दिखती है, पर इस हिन्दी में कोई साहित्य न हो सकता है, न है। यह न बच्चन की हिन्दी है, न रेणु की, न अज्ञेय की है, न रघुवीर सहाय की। रघुवीरजी ने एक कविता में लिखा भी है कि यह हिन्दी "अब दलालों की अपने दास मालिकों से/एक माँग है/बेहतर बर्ताव की/अधिकार की नहीं।"

राज्याश्रय में पली इस हिन्दी में जीवन की, परम्परा की या साहित्यिक चेतना की कोई लय नहीं है, बिम्ब और गन्ध की तलाश उसमें करना व्यर्थ है। ऐसी भाषा का रसिक, उसके साहित्य का प्रेमी भला कोई सामान्य पाठक किस तरह बने ? यानी एक अजीब द्वन्द्व में हिन्दी फँस गई है। प्रचार-प्रसार और शिक्षा के जरिए जो हिन्दी फैलाई गई है, उसके प्रति कोई भावना हिन्दी समाज के मन में नहीं है, और भावनाएँ जगानेवाली हिन्दी का साहित्य प्रसार-प्रचार का मोहताज है।

यहाँ हम हिन्दी की साहित्यिक किताबों की बिक्री इतनी सीमित होने के तीसरे कारण तक अपने आप पहुँच गए हैं। राज्याश्रय का एक महत्त्वपूर्ण अर्थ था किताबों की थोक खरीद। सरकार द्वारा थोक में की जानेवाली खरीद से पैदा होनेवाली सुगम समृद्धि ने पुस्तकों के प्रकाशक और विक्रेताओं को आलसी बना दिया है। बात को समझना कठिन नहीं है। थोक सप्लाई और एकमुश्त भुगतान की सुखद डकार लेने के आदी इनसान को भला कस्बों और गाँवों की धूल में छिपे फुटकर पाठक की सुध क्यों आएगी ? हिन्दी के नाम पर आजादी के बाद इतना सरकारी पैसा लुटा कि प्रकाशक वर्ग तृप्त हो गया। प्रकाशक ही क्यों, बिचौलियों की एक पूरी जमात उग आई। पाठक को भूलकर प्रकाशक ने अफसर की वन्दना में दिल और ध्यान लगाया। प्रकाशकों के बीच आपसी कलह और तुच्छ राजनीति तो इस वन्दना के अंग थे ही, कई बार लेखक भी इस प्रपंच में उलझ गए। पुस्तकें सरकारी खरीद और पुरस्कार-प्राप्ति के लिए लिखी जाने लगीं। पाठक की रुचि, लेखन का सन्तोष और सम्पादक के अनुशासन जैसे सभी मूल्य ताक पर रख दिए गए। जो बिके (यानी सरकारी तन्त्र में खपने में येन केन प्रकारेण कामयाब हो जाए) सो छापो—यही एकमात्र मूल्य रह गया। पुस्तकालय कूड़े-कर्कट से भर गए। जो पाठक इन पुस्तकालयों पर निर्भर था, उसकी अभिरुचि मारी गई। उजाड़ बढ़ता

गया। अनुदानों और खरीद के विशाल पेट ने कागज की कीमतों को बढ़ाने में सहयोग दिया (यद्यपि अन्य कारण भी थे)। 'सब्सिडी' की संस्कृति ने प्रकाशन के अर्थशास्त्र को भीतर से खोखला कर दिया। गम्भीर रुचि के प्रकाशक और पाठक दोनों कुम्हला गए।

अन्त में इस विडम्बना की ओर ध्यान खींचना ही शेष रह जाता है कि जिन रचनाओं के प्रति पाठक में रुचि और जिज्ञासा हो सकती है, वह सुलभ नहीं है, उनकी कीमतें आसमान छू रही हैं, या फिर उन्हें छापने को ही कोई राजी नहीं है। साहित्य की धारा सिमटकर रह गई है। साहित्येतर विषयों पर किताबें वैसे ही न कोई लिखता है, न छापता है। कहाँ हैं आज हिन्दी में ऐसे लेखक और प्रकाशक जो नई अन्तर्राष्ट्रीय व्यापार नीति व डुंकेल प्रस्ताव या मेधा पाटकर के संघर्ष, गाजा पट्टी पर पले बच्चों के जीवन या कनिष्क विमान और कर्नाटक एक्सप्रेस की भीषण दुर्घटनाओं पर मौलिक किताबें लिखें और छापें ? नहीं, हमारी भाषा में ऐसे शीर्षक ढूँढ़ना बेकार है। हाँ, छायावाद में नारी की छवि, उत्तर-आधुनिकतावाद की यथार्थवाद से तुलना और साहित्य में उरोज चित्रण पर महँगी किताबें मिल जाएँगी। दिक्कत यही है कि ये किताबें उपलब्ध हैं, बिकेंगी भी, पर इनके पाठक न हो सकते हैं, न हैं। उधर वेद राही के नए, मोटे उपन्यास में आँखें गड़ाए सारी शाम बिता देनेवाला युवक मैंने इसी सप्ताह मगध एक्सप्रेस में देखा।

स्कूल की हिन्दी

पाठ्यक्रम के विविध विषयों की पढ़ाई के माध्यम के रूप में हिन्दी अनेक प्रकार के लोगों की चिन्ता और कुछ की सक्रियता का विषय रही है, पर स्वयं हिन्दी की पढ़ाई शायद ही कभी चर्चा का केन्द्र बनी हो। आजादी के काफी पहले, जब हिन्दी एक विषय के रूप में इन्टरमीडियट की परीक्षा के पाठ्यक्रम में शामिल हुई, उसकी स्कूली पढ़ाई का तौर-तरीका लगभग तय हो चुका था। काशी हिन्दू विश्वविद्यालय में आचार्य रामचन्द्र शुक्ल की नियुक्ति के बाद उन्हीं की बनाई तीसरी और चौथी कक्षाओं की रीडर का 1932 में प्रकाशन एक महत्त्वपूर्ण घटना थी जिसका सम्यक् विश्लेषण मैंने अन्यत्र* किया है। संक्षेप में, इस घटना का महत्त्व इस कारण है क्योंकि इसके पहले तक हिन्दी और उर्दू एक ही रीडर से पढ़ाई जाती थीं, अर्थात् सभी पाठों की एक जैसी विषयवस्तु दो लिपियों में प्रकाशित की जाती थी। तीस के दशक की राजनीति और सामाजिक आबोहवा को देखते हुए उर्दू की पृथक रीडरों की माँग अंग्रेज सरकार ने सहज ही स्वीकार कर ली और इसी स्वीकृति के तहत आचार्य शुक्ल ने अपनी रीडर तैयार की। पाठों की विषयवस्तु, विधाओं के चयन और कक्षाभ्यास व गृहकार्य के लिए दिए जानेवाले प्रश्नों की दृष्टि से यह पुस्तक एक पुरातात्त्विक वस्तु कही जा सकती है जिसमें हिन्दी की स्कूली पढ़ाई की पहले से चली आ रही परिपाटियों का परिष्कृत रूप एक समकालीन सांस्कृतिक सन्दर्भ और उसमें व्याप्त विचारधारा को सँजोए हुए है। आज पीछे मुड़कर देखें तो इस रूप का आचार्य शुक्ल के हाथों निर्धारण हिन्दी की शिक्षा के ऐतिहासिक विकास-क्रम में एक निर्णायक बिन्दु प्रतीत होता है। हिन्दी को गैर-मुस्लिम अस्मिता से जोड़ने का अभियान इस रूप की बुनियाद में है, क्योंकि हिन्दी-उर्दू की पृथक रीडरों की माँग इसी अभियान के चलते उठी थी।

इस प्रसंग को यहाँ एक आरम्भिक सन्दर्भ में उठाने का उद्‌देश्य हिन्दी की स्कूली पढ़ाई पर बहस शुरू करने के इस प्रयास को एक ऐतिहासिक सन्दर्भ देना-भर है। यह सन्दर्भ विस्तृत जाँच-पड़ताल की माँग करता है; विशेषकर संयुक्त प्रान्त (यानी आज के उत्तर प्रदेश) के बाहर पड़नेवाले हिन्दी क्षेत्र में हिन्दी-उर्दू सम्बन्धों के इतिहास की छानबीन करके ही हम संयुक्त प्रान्त में घटी घटनाओं को समग्र दृष्टि से समझ और

---

* यह विश्लेषण मेरी पुस्तक *गुलामी की शिक्षा और राष्ट्रवाद* (ग्रन्थशिल्पी) में शामिल है।

आँक सकते हैं। ऐसे विशद अध्ययन की जरूरत और इन्तजार के चलते फिलहाल मैं यह दिखाना चाहूँगा कि संयुक्त प्रान्त की भाषायी राजनीति की जो छाप स्कूल की हिन्दी पर पड़ी, वह आज तक मिटी नहीं है और उस छाप के रहते हिन्दी की पढ़ाई धार्मिक अलगाववाद की भावभूमि को सिंचित अवस्था में रखने का काम आज तक करती चली आ रही है। इस बात के प्रमाणस्वरूप मैं यहाँ एक ही उदाहरण दे रहा हूँ। इस उदाहरण की सांकेतिक सघनता हमें इस समस्या के कई स्तरों पर सोचने के लिए बाध्य करती है, साथ ही हिन्दी शिक्षण की कई अन्य प्रवृत्तियों के बारे में सोचने का मौका देती है। इसीलिए मैं इस उदाहरण को सम्पूर्ण लेख के लिए एक चौखटे की तरह इस्तेमाल कर रहा हूँ। यह उदाहरण कक्षा सात की 'किशोर भारती' में शामिल 'विजय पर्व' शीर्षक एकांकी का है। *राष्ट्रीय शैक्षिक अनुसन्धान एवं प्रशिक्षण परिषद् (एनसीईआरटी)* द्वारा प्रकाशित इस पाठ्यपुस्तक का निर्माण इसी संस्था ने किया है। यह सम्पूर्ण सन्दर्भ लेख के अन्त में दी जानेवाली सन्दर्भ सूची की जगह यहाँ देना इसलिए जरूरी है क्योंकि राष्ट्रीय परिषद् कोई साधारण प्रकाशन-गृह नहीं है। वह केन्द्र शासन द्वारा स्थापित एक आधुनिक संस्था है जो संविधान को मान्य राष्ट्रीय मूल्यों और राज्य के वांछित आचरण को स्कूली शिक्षा के नाना सन्दर्भों में अनूदित करने की जिम्मेदारी नियमानुसार निभाती है। उसके द्वारा रची और प्रकाशित पाठ्य-पुस्तकें केन्द्रीय माध्यमिक शिक्षा बोर्ड से जुड़े और देश-भर में फैले स्कूलों में तो चलती ही हैं, ज्यादातर प्रान्तों में प्रान्तीय बोर्डों से जुड़े स्कूलों की पाठ्य-पुस्तकों को भी प्रभावित करती हैं। इस भूमिका और हैसियत को देखते हुए आठवीं कक्षा की पुस्तक में शामिल 'विजय पर्व' शीर्षक एकांकी पाठ के बारे में हम कह सकते हैं कि अवश्य यह पाठ राष्ट्रीय शिक्षा नीति और संविधान में दर्ज मूल्यदृष्टि से जाँचे जाने के बाद ही स्वीकृत हुआ होगा। यह एकांकी हिन्दी के यशस्वी नाटककार डॉ. रामकुमार वर्मा का लिखा हुआ है, इस कारण भी हम इसे एक ऐसी महत्त्वपूर्ण पाठ्य-कृति मान सकते हैं जो साहित्यिक रचना के रूप में लिखी जाकर स्कूली पाठ्य-सामग्री के रूप में हिन्दी में उपलब्ध सैकड़ों एकांकियों में से उन लोगों द्वारा चुनी गई जो इस चुनाव के लिए अपनी-अपनी विशेषज्ञता के आधार पर नियुक्त थे।

एकांकी में तैमूरलंग अपने सैनिकों के साथ एक गाँव को लूटने के लिए आता है। एकांकी के अनुसार लूट में कत्ल अनिवार्य रूप से शामिल है। मंच के केन्द्र में बारह वर्ष का बलकरन है जिसकी आज वर्षगाँठ है। वह खीर के लिए दूध लेने घर से बाहर जाता है, और लौटकर अपने घर में तैमूर को खड़ा पाकर चौंकता है, लेकिन घबराता नहीं है। तैमूर के साथ संवाद में बलकरन की वीरता प्रकट होती है जिससे प्रभावित होकर तैमूर उसे कोई मुराद माँगने को कहता है और बलकरन अपने गाँव की सुरक्षा का वचन माँग लेता है। यह सरल कथानक हिन्दी की पढ़ाई का विश्लेषण करने की दृष्टि से एक महत्त्वपूर्ण रचना दो कारणों से है। इनमें से पहला कारण दो अनाम ग्रामीणों की 'हिन्दू ग्रामीणों' के रूप में कराई गई पहचान है। दूसरे कारण की चर्चा मैं लेख के अन्त में करूँगा। तैमूर के आतंक से भागते हुए इन ग्रामीणों में 'मुसलमान ग्रामीण' नाम

का पात्र भी है और उसकी उपस्थिति से धर्मनिरपेक्षता के संवैधानिक मूल्य की रक्षा हो जाती है। सम्भव है, इसी उद्देश्य को पूरा करने के लिए तैमूर के सताए ग्रामीणों में कुछ की 'हिन्दू' और कुछ की 'मुसलमान' के रूप में शिनाख्त करके दिखाना जरूरी माना गया हो। इस वर्गीकृत नामकरण से धर्मनिरपेक्षता की औपचारिक शर्त तो पूरी हो जाती है, पर ठीक इसी कारण धर्मनिरपेक्षता का सामाजिक दर्शन थोड़ा दरकता भी है। कहानी या नाटक के पात्र की पहचान यदि धर्म जैसे अतिविशाल वृत्त में ही की जाती है, तो यह विवशता व्यक्तिपरक लोकतान्त्रिक व्यवस्था और उसके संविधान की दृष्टि से स्वस्थ नहीं कही जा सकती। धर्मनिरपेक्षता का दर्शन अस्मिता की एकाधिक परिधियों की मंजूरी पर टिका है और इनमें सबसे महत्त्वपूर्ण पहचान तो व्यक्ति की अपनी या निजी पहचान ही है जो नाम और परिस्थितिजन्य व्यवहार से उभरनी चाहिए, किसी जातीय या धार्मिक जुड़ाव से नहीं। ये जुड़ाव महत्त्वपूर्ण हैं, पर यदि किसी पात्र की समूची पहचान सिर्फ इतनी ही हो कि वह 'हिन्दू ग्रामीण' है तो यह स्थिति एक धर्मनिरपेक्ष समाज में व्यक्ति की सत्ता को कमजोर ही बनाएगी।

बच्चों के लिए लिखी गई हिन्दी पाठ्य-सामग्री—जिसमें बहुत-सा कथा साहित्य शामिल है—इसी व्यक्तिविमुखता से पीड़ित रहा है। ऐसी कहानियाँ सैकड़ों नहीं, हजारों में होंगी जिनकी पहली पंक्ति में लिखा रहता है—'एक था ब्राह्मण'। ऐसी कितनी ही कहानियाँ आज भी बच्चों की लोकप्रिय पत्रिकाओं में छपती हैं। धर्म या जाति के नाम में किसी चरित्र को कहानी शुरू होने से पूर्व ही बाँधनेवाली रचनाओं की तुलना हम उन कहानियों से कर सकते हैं जो किसी खरगोश को 'चालाक' या किसी ऊँट को 'मूर्ख' बताकर शुरू होती हैं। ये रचनाएँ भी पात्र को परिस्थितिजन्य व्यवहार की स्वतन्त्रता नहीं देतीं, और इस प्रकार पाठक को कहानी के नाम पर एक ऐसी समाज रचना का नजारा देती हैं जिसमें शामिल सदस्यों के स्वभाव उनके 'स्वभाव' नहीं, पहले से तय स्थायी आरोपण होते हैं जिन्हें कहानी के घटनाक्रम में सिद्ध-भर होना होता है। हिन्दी का ज्यादातर बाल कथा साहित्य इस प्रवृत्ति से ग्रस्त है, और उसी की मिसालें पाठ्य-पुस्तकों में भी मिलती हैं। यह समझना कठिन नहीं है कि यह प्रवृत्ति विचार-विमर्श या सामाजिक संवाद की नींव को निर्बल बनाती है। व्यक्ति की सत्ता और अपना चरित्र अपने कर्मों से व्यक्त करने की स्वायत्तता का निषेध हमारी सन्तान को एक ऐसे समाज में ढालता है जिसमें लोगों से यह अपेक्षा नहीं की जाती कि वे अपनी बात या सोच सामने रखेंगे, बल्कि यह मानकर चला जाता है कि उनकी बात तो उनके पूर्वनिर्धारित चरित्र और नामांकन ने तय कर दी है। यह मान्यता संवाद की सम्भावना को जन्म से पूर्व ही मार डालने के लिए पर्याप्त है।

रूढ़ संज्ञा और कथापूर्व विशेषण देकर घटना या संवाद को पहले से तय कर देनेवाली कहानियों की ही पूरक वे तमाम रचनाएँ कही जा सकती हैं जिन्हें 'कविता' कहकर हिन्दी की पाठ्य-पुस्तकों में शामिल किया जाता है। हिन्दी विषय के अन्तर्गत पढ़ाई जानेवाली तथाकथित कविताएँ पढ़कर बच्चे को, दी गई पंक्तियों का लक्ष्यार्थ

पहचानना और लिखना होता है। जिसे मैं 'लक्ष्यार्थ' कह रहा हूँ, वह प्रायः एक घिसे हुए प्रतीकार्थ जैसा दिखता अवश्य है, पर उसे प्रतीकार्थ कहना ठीक नहीं होगा। प्रतीकों में आभा का गुण होता है, यानी जिस भाव या अनुभव की क्षणिक रचना वे मन में करते हैं, उसके इर्द-गिर्द एक आभावृत्त की गुंजाइश रहती है। इस आभावृत्त को हम एक ऐसा निर्जन क्षेत्र कह सकते हैं जिसमें हमारी कल्पना कविता की मदद से थोड़ी देर विचर लेती है और ऐसा कुछ देखने में समर्थ हो जाती है जो निर्दिष्ट नहीं था—कवि के द्वारा तो नहीं ही था, हमारे होशियार मन द्वारा भी नहीं। इसी निर्जन क्षेत्र के दरवाजे खोलने की क्षमता के कारण ही कविता की शिक्षा को भाषा-शिक्षण की सामान्य, सीमित परिधि के परे जानेवाली शिक्षा माना जा सकता है। कविता ही भाषा-शिक्षण में यह मुक्तिदायी आयाम जोड़ सकती है। लेकिन यह सम्भावना उन तथाकथित कविताओं की मदद से नहीं खोली जा सकती जो हिन्दी की पाठ्यपुस्तक में अनिवार्य रूप से शामिल रहती हैं।

एक-दो उदाहरण लें। *एनसीईआरटी* की छठी कक्षा की पुस्तक में अन्तिम पाठ द्वारिका प्रसाद माहेश्वरी की 'जलाते चलो' शीर्षक कविता है। इसका कोई भी अंश हमारे लिए पर्याप्त है, लेकिन पहला हिस्सा शायद बात को ज्यादा अच्छी तरह से स्पष्ट करने में मदद देगा—

जलाते चलो ये दिये स्नेह भर-भर
कभी तो धरा का अँधेरा मिटेगा।
जला दीप पहला तुम्हीं ने तिमिर की
चुनौती प्रथम बार स्वीकार की थी।
तिमिर की सरित पार करने, तुम्हीं ने
बना दीप की लौ तैयार की थी।
बहाते चलो नाव तुम वह निरन्तर
कभी तो तिमिर का किनारा मिलेगा।

विश्लेषण से पहले एक और उदाहरण के तौर पर *एनसीईआरटी* की ही आठवीं की किताब से गोपाल दास 'नीरज' की 'जीवन नहीं मरा करता है' कविता के कुछ अंश देखें—

छिप-छिप अश्रु बहानेवालो !
मोती व्यर्थ लुटानेवालो !
कुछ सपनों के मर जाने से जीवन नहीं मरा करता है।
सपना क्या है ? नयन-सेज पर
सोया हुआ आँख का पानी !
और टूटना है उसका ज्यों
जागे कच्ची नींद जवानी।
गीली उमर बनानेवालो !

डूबे बिना नहानेवालो !
कुछ पानी के बह जाने से सावन नहीं मरा करता है।
लूट लिया माली ने उपवन
लुटी न लेकिन गन्ध फूल की।
तूफानों तक ने छेड़ा
पर खिड़की बन्द न हुई धूल की।
नफरत गले लगानेवालो !
सब पर धूल उड़ानेवालो।
कुछ मुखड़ों की नाराजी से दर्पण नहीं मरा करता है।

इन दो उदाहरणों से हम हिन्दी की कक्षा में होनेवाले समाजीकरण की कुछ परतें उघाड़कर देख सकते हैं। उघाड़ने से आशय इन परतों में दबी ऐतिहासिक व सांस्कृतिक इबारतें पढ़ने से है। वैसे तो कोई भी शैक्षणिक काम अपने में समाज के लम्बे अनुभव के जलचिह्न सँजोए रहता है, लेकिन भाषा के शिक्षण में छिपे जलचिह्न अन्य विषयों के शिक्षण की तुलना में ज्यादा संश्लिष्ट होते हैं। भाषा का शिक्षण सिर्फ कुछ कौशलों की सिखलाई और कुछ सूचनाओं का खुलासा नहीं है (इस सबके साथ वह सोच और संवाद के उन संस्कारों में बच्चे के अनगढ़ व्यक्तित्व का प्रवेश भी है जो उसके सामाजिक परिवेश को नाना दिशाओं से लटके असमरूप धागों में बाँधने की सामर्थ्य रखते हैं। यदि संवाद-परम्पराएँ समाज की संरचना का अभिन्न अंग हैं, तो हम जिन संस्कारों की चर्चा भाषा-शिक्षण के सन्दर्भ में कर रहे हैं, उन्हें हम इन संवाद-परम्पराओं को साधने और आवश्यकतानुसार, सूक्ष्म शक्ति के साथ बदलने के साधन मान सकते हैं। हिन्दी की घंटी में नियमित उपजाए जानेवाले संस्कारों को हमें इस कसौटी पर जाँचना है कि वे किन संवाद-परम्पराओं को साधे और किन ऐसी सम्भावनाओं को थामे रखते हैं जिनकी जरूरत हमारे समय की लोकतान्त्रिक संस्थाओं ने पैदा की है।

ऊपर दिए गए काव्यांश स्पष्टतः उस परम्परा से निकलते हैं जिसे हम प्रायः सुविधा के लिए संक्षेप में कवि-सम्मेलनी या मंचीय काव्य की परम्परा कह देते हैं। इस तरह के काव्य में लय और तुक एक प्रकार का प्रतीक्षित चमत्कार उत्पन्न करती चलती है और अर्थ से आशय उस सामूहिक मनन से होता है जिसे मंच पर बैठा या खड़ा कवि रात के अँधेरे में अपनी आवाज से संचालित करता है। एक मिले-जुले श्रोता-समूह का यह संचालित मनन किसी गहरे स्तर पर जाने का जोखिम नहीं उठा सकता, न ही वह निजी अनुभव या कल्पना की गुंजाइश छोड़ सकता है। इसलिए वह रूढ़ प्रतीकों के सहारे मोटी-मोटी बातों को इस तरह छिपाने का अभ्यास बन जाता है कि श्रोता-समूह उन्हें आसानी से ढूँढ़ता चले और इस काम से एक क्षणिक उपलब्धि का सुख पाए। यह सुख ही 'वाह-वाह' की आवाजों में व्यक्त होता है। हम अपने दो उदाहरणों से परिचित स्थानों पर 'वाह-वाह' की आवाज सुन सकते हैं। यह आवाज बताती है कि पहली कविता में तिमिर और दीये से व दूसरी में सपने और सावन से क्या आशय है। यह हम पहले

से जानते हैं। इन कविताओं को बच्चों को पढ़ाने का अर्थ ही है कि बच्चे तिमिर, दीपक, सपने और सावन के इन स्थायी मायनों के अभ्यस्त हो जाएँ। कविताओं के बाद पाठ्य-पुस्तक में दिए गए प्रश्नों में भी यह चिन्ता केन्द्रीय महत्त्व पाती है कि फलानी पंक्ति से कवि का क्या आशय है और अमुक आशय किस पंक्ति में व्यक्त हुआ है। सम्मेलनी परम्परा के भीतर कवि का 'आशय' दरअसल कवि का नहीं, सम्पूर्ण श्रोता-समुदाय का होता है जिसे अपनी आवाज और तुकबन्दी से उगाकर कवि श्रोता-समूह की सामुदायिकता पुष्ट करता है। भाषा की कक्षा में बच्चे तक यही सामुदायिक आशय अध्यापक के जरिए पहुँचाया जाता है और आशय के सुरक्षित पहुँचने की पुष्टि प्रश्नोत्तर या गृहकार्य से कर ली जाती है। हिन्दी के गृहकार्य की कापी इस किस्म के उत्तरों से भरी रहती है—'इस पंक्ति में कवि कहना चाहता है कि हमारी व्यक्तिगत निराशाओं से जीवन की अबाध धारा का सौन्दर्य खंडित नहीं होता है,' आदि। बच्चे और कई बार उनके अध्यापक भी 'खिड़की बन्द न हुई धूल की' जैसी पंक्तियों का अर्थ निर्धारित करने में सफल नहीं हो पाते तो किसी कुंजी का सहारा लेना अनिवार्य हो जाता है। ऐसी कविताओं में अर्थ आखिर स्वयं एक प्रकार का ताला ही होता है जिसे खोलने के लिए कोई निश्चित, तर्कसम्मत कुंजी चाहिए। कल्पना, संवेदना, आनन्द या उल्लास जैसे भाव, जिन्हें हम कविता के साथ जोड़ने के आदी हैं, हिन्दी की कक्षा में एक पूर्व-निर्धारित समाजीकरण अभियान के अन्तर्गत ही कोई रूपाकार पा सकते हैं, उनकी व्यक्तिपरक, स्वाधीन सत्ता की मंजूरी हिन्दी की पढ़ाई में निहित नहीं है। सच तो यह है कि हिन्दी शिक्षण का लक्ष्य बच्चे के स्वाधीन बोध को संवाद की एक निश्चित परिपाटी में कैद कर देना है।

अब इस परिपाटी के तत्त्व पहचानना हमारे लिए कठिन नहीं होना चाहिए। एक तत्त्व यह है कि किसी बात का अर्थ वह नहीं है जो उसमें नजर आता है, बल्कि कुछ और ही है। हर बिम्ब किसी एक अर्थरूप का इशारा-भर है। हम इशारे को प्रतीकार्थ या ध्वन्यार्थ का संकेत भी नहीं कह सकते, क्योंकि कम-से-कम कविता के सन्दर्भ में प्रतीक की सत्ता में रसिक पाठक की कुछ-न-कुछ स्वतन्त्र जिम्मेदारी रहती है। हिन्दी के स्कूली शिक्षण में कविता के जरिए कराया जानेवाला अभ्यास इस बात का होता है कि बच्चा हर बात में किसी और ही बात व इरादे की गन्ध सूँघना सीख जाए। यह अभ्यास कहीं-न-कहीं एक ऐसे समाज में जीने की आदत से जुड़ा प्रतीत होता है जहाँ कोई भी व्यक्ति अपनी बात अन्यथा लिए जाने के डर से मुक्त होकर नहीं कह सकता। बड़ा होते-होते यह अहसास उसके स्वभाव का अंग बन जाना चाहिए कि हर बात का अन्यथा लिया जाना पहले से तय है। बल्कि यह कह देना कि 'आशा है मेरी बात आप अन्यथा नहीं लेंगे' इस बात का प्रमाण है कि कहने या लिखनेवाला व्यक्ति अपनी बात के अन्यथा लिए जाने की नियति से भलीभाँति परिचित है।

हम जिस प्रवृत्ति पर विचार कर रहे हैं, उसे लाक्षणिक या व्यंजनात्मक अर्थ के आकर्षण का नाम देना गलत होगा। किसी आम वस्तु या घटना का ऐसा उल्लेख, जिसकी विवेचना का एक कायदा हो और वह पहले से तय हो, लक्षणा या व्यंजना जागृत

करने का प्रयास नहीं कहा जा सकता। ऐसे उल्लेख का उद्देश्य वस्तु या घटना का बिम्ब बनाना है ही नहीं, केवल उस नियत अर्थ की ओर इशारा करना है जिसमें पाठक की कल्पना समाजीकृत की जानी है या पहले ही हो चुकी है। जब कविता कहती है 'हम सब सुमन एक उपवन के', तो इसका जो अर्थ हर बच्चे को लिखना जरूरी है, यह है कि 'हम सब बच्चे एक ही देश के नागरिक हैं।' अतिरिक्त व्याख्या के तौर पर लिखा जा सकता है कि जिस प्रकार भिन्न-भिन्न प्रकार के फूल एक ही उपवन में खिलते हैं, उसी प्रकार विभिन्न धर्मों और जातियों के लोग एक होकर हमारे देश में रहते हैं। यदि यह अर्थ व्यंजनात्मक है तो बहुत सतही अर्थ में। दी गई पंक्ति पढ़कर सुमन और उपवन का एक कल्पित जगत बनाने की जरूरत नहीं है। ये बिम्ब इतने रूढ़ हैं कि बिम्ब रह ही नहीं गए हैं। पंक्ति पढ़कर उन्हें नियत निहितार्थ में फिसल पड़ना है। पंक्ति में आए शब्दों की हैसियत गणित या ज्यामिति में प्रयुक्त संकेत अक्षरों और चिह्नों से अधिक नहीं है। वे उचित अवसरों पर कहे जानेवाले मुहावरों या ग्रीटिंग कार्ड में लिखे वाक्यांशों की तरह आनुष्ठानिक उच्चार हैं। भाषा का शिक्षण बिम्ब-निर्माण और कल्पित सृष्टि में रमने की सामर्थ्य पैदा करने की जगह आनुष्ठानिक उच्चार की ट्रेनिंग बन जाता है, यही हमारी लाखों कक्षाओं में हिन्दी की घंटी में रोज घटनेवाली सांस्कृतिक दुर्घटना है। हिन्दी की पढ़ाई संवेदना का अभ्यास बनने से बहुत दूर, इसकी उल्टी दिशा में, स्वीकृत अर्थों को उगलने का प्रशिक्षण बनी हुई है। चाहे वह कविता हो, कहानी हो, लेख या एकांकी हो, हर रचना हिन्दी की पाठ्य-पुस्तक के लिए चुनी ही इस आधार पर जाती है कि उसमें स्वीकृत बातें बोल देने के अवसर कक्षा में जुटाने की क्षमता कितनी है। विषयवस्तु के सभी पक्ष इसी आधार पर जाँचे जाते हैं, यहाँ तक कि पात्रों का नामकरण भी इसी आधार पर होता है। यह सिलसिला पहली ही कक्षा से आरम्भ हो जाता है। उदाहरण के लिए 'आओ बगीचा लगाएँ' शीर्षक कहानी ने, जो पहली कक्षा के लिए *एनसीईआरटी* द्वारा प्रकाशित 'बालभारती' में शामिल है, अपने पात्रों में कमला और ज्ञान के अलावा सलमा और रहीम को इस कारण शामिल किया है, कि ये नाम मुसलमानों की उपस्थिति का सन्देश देते हैं।

पहली ही कक्षा में इस प्रक्रिया का आरम्भ हो जाना महत्त्वपूर्ण है और स्थापित परिपाटी की दृष्टि से तर्कसंगत भी। पहली कक्षा बच्चे को साक्षर बनाती है, उनकी नवजात साक्षरता का उपयोग सीधे-सीधे ऐसे कथानकों में करना पाठ्य-पुस्तक का उद्देश्य है जो उनकी स्वतन्त्र अर्थखोज को पहले से नियत अर्थों की पहचान करने की दिशा में मोड़ दें। इसे हम साक्षरता का समाजीरण करनेवाला पक्ष भी कह सकते हैं और रसिकता की हत्या करनेवाला पक्ष भी। सच तो यह है कि हिन्दी की पहली किताब बच्चे को साक्षर इस तरह बनाती है कि अर्थग्रहण की उसकी स्वाभाविक इच्छा कुंद हो जाए। पढ़ना सिखाने की पारम्परिक विधियों में अर्थग्रहण पर जोर नहीं था, लेकिन पुराने समय में अर्थग्रहण की क्षमता के विकास की आदत बच्चों के मन में जगाए रखने के अन्य अनेक साधन थे। वैसे भी, उस समय शिक्षा कुछ थोड़े से बच्चों के लिए ही थी जिनकी

अभिप्रेरणा जिलाए रखने की जरूरत उनकी सामाजिक हैसियत और भावी भूमिकाओं के ध्यान से पूरी हो जाती थी। आज की परिस्थिति में जब हर बच्चे से अपेक्षा की जाती है कि वह साक्षर बने, पहली कक्षा के शिक्षक और पाठ्य-पुस्तक पर एक भारी जिम्मेदारी आ जाती है। यदि वह ऐसी विधियों से पढ़ना सिखाए जो अक्षरज्ञान देने की प्रक्रिया में अर्थ की तलाश को हतोत्साह करती हों तो इसे साक्षरता का रचनात्मक प्रसार नहीं माना जा सकता।

ऐसा नहीं है कि पिछले बीस-पचीस वर्षों में छोटे बच्चों को हिन्दी पढ़ना सिखाने की पद्धति में कोई परिवर्तन नहीं हुआ है। 'थप रतन घर थप' जैसे नितान्त अर्थहीन पाठ, जिन पर मैंने सत्तर के दशक में अपनी पुस्तक *राज, समाज और शिक्षा* में टिप्पणी की थी, आज भी अनेक प्रवेशिकाओं में मिल जाएँगे, पर राष्ट्रीय परिषद् की प्रवेशिका में आज उनकी जगह ऐसे पाठ हैं जिनमें अर्थ की तलाश को एकदम नजरअन्दाज नहीं किया गया है। इस प्रवेशिका में आरम्भिक शब्द अपेक्षाकृत सावधानी से चुने गए हैं और वर्णमाला सिखाने के पूर्व आकृति निर्माण और चित्र-चर्चा के अभ्यास भी है। लेकिन मनोभाषाविज्ञान ने पढ़ने की प्रक्रिया पर जितना प्रकाश इस बीच डाला है, उसका पर्याप्त इस्तेमाल इस प्रवेशिका में भी नहीं मिलता। शुरू में शब्दों की मदद से वर्णज्ञान पर बल दिया गया है, बाद के पाठों में स्थूल कथानकों की मदद से बच्चे की साक्षरता को उसी दिशा में मोड़ा गया है जिसका विवेचन ऊपर हो चुका है। दोनों तरह के पाठों का एक-एक उदाहरण पर्याप्त होगा—

(1)

घर कर कब कम
मन नल बस रस
कलम नमक कमल
...
माताजी, मीरा को दाल चावल दो
लो मीरा, दाल चावल लो।
साग लो, चटनी लो।
मदन रोटी लो, रायता लो।
चबा चबाकर खाना खाओ।

(2)

इतवार का दिन था। सुबह के आठ बजे थे। सलमा और रहीम खेल रहे थे। कमला और मदन भी उनके घर खेलने आए थे। सलमा और कमला की एक सहेली थी।...

इस पूरी प्रवेशिका में एक भी अंश ऐसा नहीं है जिसके बारे में कहा जा सके कि वह बच्चों में पढ़ने के प्रति रुचि जगाने की खातिर सिर्फ इस आधार पर चुना या रखा गया है कि उसे बच्चे पढ़कर खुश होंगे। हर पाठ, वाक्यांश के पीछे एक योजना है, रणनीति है। यह रणनीति बच्चे की पुस्तक की सरकारी 'नीति' के तहत चुनी गई है।

एक भाषा के रूप में हिन्दी लम्बे समय से एक रणनीति का मोहरा रही है। इस रणनीति के एक महत्त्वपूर्ण पहलू की बानगी हम उसी एकांकी में पा सकते हैं जिससे यह चर्चा आरम्भ हुई थी। 'विजय पर्व' शीर्षक इस एकांकी को हिन्दी की पढ़ाई के विश्लेषण की दृष्टि से हमने दो कारणों से महत्त्वपूर्ण माना था। पहला कारण अनाम ग्रामीणों की 'हिन्दू' और 'मुसलमान' के रूप में कराई गई पहचान था जिसकी विवेचना करते हुए हमने पाया कि यह पहचान एक व्यापक प्रवृत्ति का अंग है। ये पात्र और इनकी पहचान सुनियोजित है। उनकी उपस्थिति और पहचान के पीछे छिपी योजना को जान लेना ही हिन्दी का सफल छात्र होने का सार है। हिन्दी की शैक्षिक दुनिया में समाजीकृत होने का अर्थ ही है संवाद और अभिव्यक्ति की स्वाभाविकता को खोकर एक विशद रणनीति में ढल जाना। इसी रणनीति का एक अन्य पहलू 'विजय पर्व' एकांकी में तैमूरलंग के मुँह में डाली गई शब्दावली से पहचाना जा सकता है। तैमूरलंग को जिस शब्दावली का प्रयोग करता दिखाया जाता है, उसमें उर्दू शब्दों का बाहुल्य है। उसके साथी भी ऐसी शब्दावली का प्रयोग करते हैं। वीर बालक बलकरन जब तैमूरलंग को बताता है कि आज उसकी वर्षगाँठ है तो तैमूर इस बात को समझ नहीं पाता—

बलकरन : यह दूध, यह दूध मेरी वर्षगाँठ के लिए है।

तैमूर : साफ जुबान में बात कर जो समझ में आए...

आठवीं कक्षा के हर हिन्दी अध्यापक को पता है कि तैमूर बलकरन की बात क्यों नहीं समझ पा रहा है और 'साफ जुबान' से तैमूर का आशय क्या है। इसी प्रकार थोड़ा आगे चलकर जब अपनी माँग पूरी की जाने पर बलकरन तैमूर को 'धन्यवाद' देता है, तब भी तैमूर यही कहता है—"मैं कुछ समझा नहीं, खैर...।"

उर्दू एक 'विदेशी' भाषा है, इसलिए एक ऐसे विदेशी के मुँह में भी डाली जा सकती है जो उर्दू के जन्म से पहले भारत आया था; उर्दू मुसलमानों की भाषा है, इसलिए एक मंगोल मुसलमान के मुँह में भी डाली जा सकती है—ये दो बातें सिखाना 'विजय पर्व' एकांकी की पढ़ाई में प्रच्छन्न रूप से शामिल है। हिन्दी की आम कक्षा में जब किसी पाठ के शब्दों की छँटाई होती है तो उर्दू शब्दों की पहचान 'विदेशी' शब्दों के रूप में होती है। शब्दों का जो वर्गीकरण हिन्दी का हर अध्यापक अपने प्रशिक्षण के दौरान सीखता है, उसमें चार वर्ग हैं—तत्सम, तद्भव, देशज और विदेशी। उर्दू भले उत्तर भारत में जन्मी हो, हिन्दी अध्यापन की विधि पर लिखे गए विद्वत्तापूर्ण ग्रन्थ उसके शब्दों को 'देशज' की श्रेणी में नहीं रखते। हिन्दी की घंटी में उर्दू के शब्दों की न केवल विधिवत् छँटाई की जाती है, यह हिदायत भी लगातार दी जाती है कि बच्चों को अपने गृहकार्य में उर्दू शब्दों का इस्तेमाल नहीं करना चाहिए। 'सरल' की जगह 'आसान' या 'कठिन'

की जगह 'मुश्किल' का प्रयोग करनेवाले बच्चों के नम्बर ऐसे शब्दों पर बाकायदा गोल निशान लगाकर काटे जाते हैं। उर्दू शब्दों के प्रति हिन्दी शिक्षक का रवैया किसी संयोग या कमजोरी का नतीजा नहीं है जिसे 'दुर्भाग्यवश ऐसा है' कहकर टाला जा सके। आधुनिक हिन्दी की विकास-यात्रा में उर्दू से परहेज और विद्वेष का अपना एक पूरा इतिहास है जिसे यहाँ दुहराना न सम्भव है, न जरूरी। हिन्दी का आज का शिक्षक उस इतिहास में पैठी राजनीति का मोहरा है। उसी राजनीति की एक और विरासत हिन्दी की बोलियों का शिक्षा की हिन्दी से बहिष्कार है। ऐसी रचनाएँ जिनमें हिन्दी की बोलियों के शब्द आए हों, पाठ्यपुस्तकों के लिए नहीं चुनी जातीं; न ही बोलियों में उपलब्ध शब्द-भंडार का उपयोग स्कूल के विविध विषय पढ़ाने की माध्यम भाषा के रूप में हिन्दी की संवृद्धि के लिए किया गया है। बोलियों का बहिष्कार अपने आप में एक पूरा, अलग आख्यान है। इस बहिष्कार की जो सामाजिक और शैक्षिक कीमत हिन्दी समाज ने चुकाई है, वह उर्दू के प्रति दुश्मनी की कीमत से कम नहीं है।

इस विषय की चर्चा, शुरू होते ही गहरे संशय से घिर जाती है। आक्षेप लगाया जाता है कि यह चर्चा हिन्दी के ऐतिहासिक संघर्ष को गुमराह करने का प्रयास है। ऐसे आक्षेप हिन्दी की शैक्षणिक समस्याओं को व्यक्त तक नहीं होने देते। यह प्रश्न अनसुना रह जाता है कि हिन्दी क्षेत्र के असंख्य ग्रामीण बच्चों को पढ़ाई जा रही स्कूली हिन्दी उनकी राजकीय मातृभाषा होते हुए भी उनकी मनोभाषा क्यों नहीं बन पाती। इस प्रश्न पर गौर किए बिना हिन्दी की घंटी में पढ़ाई जानेवाली हिन्दी में सुधार या परिवर्तन नहीं लाया जा सकता। हिन्दी को लेकर पिछली आधी सदी से चल रही वृहत्तर बहस हिन्दी की स्कूली पढ़ाई को क्यों नजरअन्दाज करती है, यह भी हमारी चिन्ता का विषय होना चाहिए। यह बहस मुख्यतः इस सवाल को लेकर घूमती रही है कि हिन्दी अभी तक राजभाषा, राष्ट्रभाषा और विश्वभाषा क्यों नहीं बन सकी। किसी स्कूल में हिन्दी की घंटी में बच्चों के बीच बैठकर इस प्रश्न की याद करके यकायक समझ में आता है कि प्रश्न की तह में हिन्दी का प्रतीक रूप है, व्यावहारिक रूप नहीं। स्कूल में पढ़ाई जानेवाली हिन्दी भी दरअसल एक प्रतीक-भाषा ही है। उसे पढ़ाकर शिक्षक और उसे पढ़कर बच्चे राष्ट्रनिर्माण करने का सुख पाते हैं, एक भाषा पर अधिकार का आनन्द नहीं। बच्चे की दैनिक क्रियाओं में पैठने; विचारों, सहज भावों, विनोद और हास्य का संवाहक बनने, और बच्चे की बेलौस रचनाशीलता का आयोजन करने के लिए जरूरी लोच पर प्रतिबन्ध स्वयं हिन्दी की पाठ्यपुस्तक और शिक्षक के सम्मिलित प्रयास की बदौलत लग जाता है। बच्चा समझ जाता है कि ये चीजें स्कूल में पढ़ाई गई हिन्दी को अपवित्र बना देंगी, उसे राष्ट्रमन्दिर में किए जानेवाले आनुष्ठानिक उच्चार के अयोग्य ठहरा देंगी।

दायरा और दम्भ

एक दिक्कत दम्भ की है, एक और दिक्कत दायरे की है। एक तीसरी दिक्कत भी है जो इन पहली दो दिक्कतों के जुड़ जाने से पैदा हुई है। यह तीसरी दिक्कत है कि दम्भ के मारे दायरे को तोड़ना सम्भव नहीं रह गया है। हिन्दी समाज के नवजागरण के सन्दर्भ में इस लेख में मुझे मुख्यतः यही कहना है। जिस हल की हिमायत मैं करना चाहता हूँ, वह भी संक्षेप में व्यक्त किया जा सकता है। हल यह है कि दायरा तोड़ने के रचनात्मक प्रयास में जुट जाने से दम्भ अपने आप दूर हो जाएगा। लेख का संक्षेप इस तरह शुरू में ही दे देना मुझे इसलिए जरूरी लगा, क्योंकि मैं जानता हूँ कि मेरे कई पाठक संक्षेप जानकर विदा ले लेना चाहेंगे। पूरा लेख पढ़कर उनका मन व्यर्थ में आहत होगा। हिन्दी समाज की सांस्कृतिक दशा की सच्चाई जानने-सुनने के लिए जितनी आत्म-निरपेक्षता चाहिए, उसकी हिन्दी समाज में खासी कमी है। हिन्दी समाज अपनी गौरवशाली परम्पराओं का यशोगान-भर सुनने का आदी है, आज व्यापी दुर्दशा का विवरण सुनने का नहीं।

अब उन तीन दिक्कतों की मीमांसा की जाए, जिनका जिक्र मैंने लेख के शुरू में किया है। पहली दिक्कत पैदा होती है उस दम्भ से जो हिन्दी के राष्ट्रभाषा कहलाने से उपजा। 'राष्ट्रभाषा' की उपाधि ने हिन्दी क्षेत्र के शिक्षित समाज के मन में यह भावना पैदा कर दी कि उसकी भाषा की हैसियत अन्य सभी भारतीय भाषाओं से ऊँची है। मैं इस बात को 'भावना' इसीलिए कह रहा हूँ, क्योंकि इसके पीछे कोई विचार या प्रमाण नहीं है। मेरे बहुत से युवा छात्र यह सुनकर चौंकते हैं कि 'राष्ट्रभाषा' जैसी किसी पदवी का उल्लेख संविधान में नहीं है। दरअसल विश्वविद्यालय में प्रवेश लेने तक की पूरी आयु उन्होंने यही सुनते-सुनते बिताई होती है कि हिन्दी भारत की राष्ट्रभाषा होने के नाते अन्य सब भारतीय भाषाओं से ऊँचे आसन पर विराजमान है।

इमरजेंसी के दौरान डीटीसी की बसों में पुते हुए तमाम राष्ट्रवादी नारों में से एक यह भी था—'भारत की सभी पन्द्रह भाषाएँ हमारी राष्ट्रीय भाषाएँ हैं।' इस नारे को पढ़कर भी लोग चौंकते थे और मन-ही-मन सोचते रह जाते थे कि यह भी कोई राजनैतिक हथकंडा होगा। हथकंडा तो खैर उस जमाने में सभी कुछ था, पर इस हथकंडे का चरित्र कुछ जटिल था। इमरजेंसी के अन्य हथकंडे सारे देश को एक सूत्र में बाँधने की बात कहते थे। हिन्दीभाषी समाज के साक्षर वर्गों को इस तरह की बात सुनने की

गहरी आदत थी। इन वर्गों के सदस्य सोचते आ रहे थे कि हिन्दी ही वह सूत्र है, जिससे सारा देश बाँधा जाना है। पन्द्रहों भारतीय भाषाओं को बराबरी से राष्ट्रीय भाषाएँ बतानेवाला वह नारा उनकी इस आशा पर अच्छा-खासा तुषारापात करता था। वे तो हिन्दी को छोड़ बाकी भारतीय भाषाओं को क्षेत्रीय भाषाएँ मानने के आदी थे। उन्हें समझ में नहीं आता था कि ये भाषाएँ 'क्षेत्रीय' से 'राष्ट्रीय' कैसे हो गईं।

हिन्दी का कद अन्य भारतीय भाषाओं से ऊँचा मानने की आदत के पीछे एकमात्र तार्किक आधार हिन्दी को केन्द्र सरकार की भाषा माने जाने का रहा है। संविधान में हिन्दी को राजभाषा के इस पद पर बिठाया अवश्य गया था, पर अंग्रेजी के साथ। 1967 के राजभाषा सम्बन्धी संशोधन में अंग्रेजी की यह सहभागिता लम्बे समय के लिए स्वीकार कर ली गई। इसमें शक नहीं कि इस संशोधन से हिन्दी के हित को आघात लगा, पर यदि हिन्दी केन्द्र सरकार की एकमात्र भाषा के पद पर सचमुच आसीन हो भी जाती तो क्या इससे हिन्दी 'राष्ट्रभाषा' बन जाती ? इस पद से वंचित रहकर भी हिन्दी को जितना विरोध विशेषकर दक्षिण में सहना पड़ा, क्या वह विरोध केन्द्र की एकमात्र राजभाषा बनकर न सहना पड़ता ?

यहाँ मुझे बरबस साठ के दशक के उत्तरार्द्ध की धर्मयुगी मुद्रा याद आ रही है। यह मुद्रा हिन्दी के मध्यवर्ग को बार-बार बताती थी कि दक्षिण में हिन्दी का विरोध केवल एक राजनैतिक नाटक है। दक्षिण की आम जनता हिन्दी सीखना चाहती है, पर नेता—खासकर तमिलनाडु के नेता—हिन्दी की सान पर अपने स्वार्थों की धार घिसने के तुच्छ काम में लगे हैं। धर्मयुगी दृष्टि हिन्दी समाज के शिक्षित मध्यमवर्ग को शुतुर्मुर्गी मिजाज का एक स्थानीय रूप देती थी। शुतुर्मुर्ग तो रेत में सर गड़ाकर संकट भूल जाने के लिए मशहूर है। हिन्दी प्रान्तों का मध्यमवर्ग संकट को एक कुत्सित नाटक मानने का आदी बनता गया। वह राष्ट्र-राज्य की उन्नीसवीं सदी की परिकल्पनाओं से चिपका रहा और देश के तमाम हिस्सों में अलग-अलग रूप में उभरी अस्मिता की कसमसाहट को केन्द्र-विरोध और इस नाते राष्ट्र-विरोध का प्रतीक मानता चला गया। कोई आश्चर्य नहीं, बल्कि यह स्वाभाविक था कि अस्सी के दशक का अन्त आते-आते हिन्दी समाज के शिक्षित वर्गों की राजनैतिक चेतना अखंड राष्ट्रवाद की स्थापना के एक ऐसे समीकरण में अभिव्यक्त होने लगी जो भाषायी वर्चस्व की तर्ज से ऊपर उठकर साम्प्रदायिक वर्चस्व का सपना दिखाता था। यह कहानी थोड़ा ज्यादा ही लम्बी है, खासकर इसका एक वह हिस्सा जो अस्सी के बदले हुए वातावरण में हिन्दी को एक नया झटका देने की तैयारी से जुड़ा है। इस तरह का झटका अभी-अभी दिल्ली में दिया गया जब यहाँ की हिन्दी-समर्पित सरकार मातृभाषा में आरम्भिक शिक्षा के निपट सत्य से जी चुरा गई।

अब उस दूसरी दिक्कत पर आएँ जो हिन्दी को अपनी सांस्कृतिक दुर्दशा का सत्यदर्शन नहीं करने देती। यह दूसरी दिक्कत है दायरे की, बल्कि दायरे में रहने से पैदा हुए आलस्य और इस आलस्य में डूबी आदतों की। शिक्षा का विस्तार समूचे हिन्दी क्षेत्र

में बहुत धीमी गति से हुआ है, और आज तक हिन्दी क्षेत्र के सभी प्रदेश देश के अन्य प्रदेशों से शिक्षा के मामले में पीछे हैं। पारम्परिक रूप से शिक्षित सवर्ण जातियों में शिक्षा के अवसर पिछले सौ वर्षों में काफी बढ़े हैं, पर जातिक्रम में थोड़ा-सा भी नीचे यानी पारम्परिक रूप से शिक्षा के अवसरों से वंचित जातियों की तरफ बढ़ें तो स्थिति बहुत दारुण नजर आती है। कृषक और दस्तकार जातियों के बच्चों की शिक्षा-व्यवस्था ने लगातार अवहेलना की है। अनुसूचित की गई जातियों और हिन्दी क्षेत्र के जनजातीय समाज की स्थिति और भी बुरी है। सारा नक्शा एक नजर में देखें तो सत्य साफ-साफ दिखने लगता है कि हिन्दी क्षेत्र के शिक्षित समाज का दायरा एक बहुत संकीर्ण दायरा है।

इस संकीर्णता के मायने समझना आसान नहीं है क्योंकि, मेरे जैसे लेखक स्वयं इस संकीर्णता की सन्तान हैं। सांस्कृतिक और आर्थिक परिस्थितियों की विविधता के बीच उठनेवाले सामाजिक विमर्श का हमें कोई स्पर्श नहीं मिला। हमारा समाजीकरण एक सीमित सांस्कृतिक परिवेश और उससे उपजे छोटे-छोटे विमर्शों ने किया है। हमारी प्रतिभा की पहचान बहुत कम लोगों की स्पर्धा में हुई और प्रतिभा की अभिव्यक्ति का मौका हमें एक उथले सांस्कृतिक माहौल में मिला। समाज में शैक्षिक अवसरों के फैलाव से ज्ञान-विज्ञान, साहित्य और संस्कृति के सन्दर्भों में जिस तरह की गहरी उथल-पुथल और रचनात्मक टकराहट दक्षिण के समाजों और एक हद तक महाराष्ट्र और बंगाल में हुई, उसकी हम हिन्दी क्षेत्र में कोई रूपाकृति नहीं पाते। उल्टे, शिक्षा के अवसरों के संकीर्ण फैलाव ने सामाजिक जड़ता के प्रजनन की दुःखद प्रक्रिया में योगदान दिया है। समर्थ शिक्षित वर्ग ने अपनी संकीर्णता को प्रतिबिम्बित करनेवाली सांस्कृतिक मुद्रा और भाषा-शैली विकसित कर ली है।

यह मुद्रा और भाषा-शैली पहली या दूसरी कक्षा से ही अपना कठोर प्रभाव दिखाना शुरू कर देती है। स्कूल के जीवन का हर पहलू समर्थ वर्गों की जीवन-शैली का डंका पीटता है और वंचितों के अस्तित्व को खारिज करता है। इस भीषण दुत्कार की शायद सबसे दैनिक अभिव्यक्ति शैक्षिक प्रयोग में आनेवाली हिन्दी में होती है। इस हिन्दी में किसी बोली जानेवाली भाषा की गन्ध नहीं होती, कोई खनक, कोई लय नहीं होती, राजस्थान से लगाकर पूर्वी बिहार तक बोली जानेवाली किसी किस्म की हिन्दी का प्रतिनिधित्व नहीं होता। एक सपाट, क्रूर सरकारी भाषा होती है जिसे हिन्दी क्षेत्र के शिक्षित समाज ने राज्याश्रय से उपजे अपने दम्भ को गहराने की प्रक्रिया में रचा था। वही जड़ भाषा अब हिन्दी क्षेत्र में शिक्षा के फैलाव को रोकती है और पहले से शिक्षित वर्गों के बीच सामाजिक स्पर्धा के अवसरों और वर्चस्व का प्रजनन करती है।

इन वर्गों की सन्तान भी आसानी से इस भाषा को पचा नहीं पाती। ये बच्चे घर के दबाव और शिक्षक के प्रोत्साहनवश प्राइमरी और मिडिल कक्षाएँ हिन्दी के सहारे पार कर जाते हैं। पर आगे की पढ़ाई में उन्हें भी अंग्रेजी की मदद की जरूरत पड़ती है। एक खासा बड़ा वर्ग तो अपने बच्चों को अंग्रेजी माध्यम स्कूलों में ही भेजने लगा है।

शिक्षित वर्गों के जो बच्चे हिन्दी माध्यम के सरकारी स्कूलों में पढ़ते हैं, उनकी पढ़ाई सरकारी हिन्दी की गाढ़ी छाया में दूभर हो जाती है। विज्ञान और गणित में तो यह भाषा इतनी कृत्रिम और कठिन हो जाती है कि बच्चे सिवाय रट लेने के कुछ नहीं कर पाते। उनके शिक्षक भी अक्सर यही सलाह देते हैं कि समझाना मुश्किल है, इसलिए याद कर लो।

आज हिन्दी में लिखने-बोलनेवाले गणितज्ञ, भौतिकशास्त्री, भूगर्भवेत्ता, जीव वैज्ञानिक, रसायनविद् और डॉक्टर गिने-चुने भी नहीं हैं। समाज विज्ञानों पर गौर करें तो कितने समाजशास्त्री, नृतत्त्वशास्त्री, राजनीतिविज्ञानी और अर्थशास्त्री ऐसे हैं जो हिन्दी में अपना विषय-ज्ञान अभिव्यक्त कर सकते हों ? इन तमाम क्षेत्रों में आज एक-सा उजाड़ दिखाई देता है। कहीं कोई मौलिक पुस्तक प्रकाशित होती नजर नहीं आती। ले-देकर थोड़ी सी देशज गतिविधि इतिहास में दिखती है, पर यहाँ भी कोई अपवाद नहीं नजर आता। विज्ञान के विषयों की क्या कहें, समाज विज्ञानों में भी शोध की उपाधि के लिए होनेवाला ऐसा काम जो अपने विषय के सीमान्तों को फैलाता हो, हिन्दी में नहीं के बराबर होता है। इस परिस्थिति का सीधा असर साहित्य पर हुआ है, भले उसे ताड़कर टिप्पणी का विषय बनाना आज स्वीकृत समीक्षाकर्म के मानकों के चलते किसी को नहीं सूझता। हिन्दी के औपन्यासिक गद्य का विकास एक सीमा पर पहुँचकर रुक-सा गया है। उपन्यास को शहरी मध्यमवर्ग और गाँव की रूढ़ अनुकृतियों से बाहर ले जाकर जीवन के संश्लिष्ट स्पन्दन के बीच खड़ा करनेवाला दूसरा फणीश्वरनाथ रेणु कितने समय बाद जन्म लेगा, आज कहना कठिन है। आज तो यही बहुत होगा कि हिन्दी समाज में फैले सांस्कृतिक उजाड़ की गुड़ाई करने के छोटे-छोटे प्रयास भी लगातार चल सकें। ये प्रयास यदि एक तरफ सरकारी हिन्दी और दूसरी तरफ अंग्रेजी के अनुवाद से उपजी पत्रकारी हिन्दी के विकल्प बन सके और आज के महँगे, प्रतियोगी माहौल में जीवित रह सके तो बहुत होगा।

इन प्रयासों को दो तरफ जूझना होगा—एक तरफ उस दायरे को तोड़ने के काम से जो हिन्दी क्षेत्र में शिक्षा के विस्तार को रोकता है, और दूसरी तरफ इस दायरे में रहते-रहते राज्याश्रय से उपजे दम्भ को अपना स्वभाव बना लेने की प्रवृत्ति से। दम्भ और दायरे के मेल से पैदा हुई दिक्कत, जिसका जिक्र मैंने लेख के रूप में बतौर तीसरी दिक्कत के किया था, हमें बहुत सोच-समझकर दूर करनी होगी। दम्भ से टकराना व्यर्थ है, विशेषकर यदि वह आदत बन गया हो। दायरे को तोड़ना ही हिन्दी की रचनात्मक ऊर्जा का सही मोर्चा है। यह मोर्चा फतह हुआ तो दम्भ अपने आप जाता रहेगा और उसका स्थान अन्य भारतीय भाषाओं ही नहीं, अंग्रेजी जैसी विदेशी भाषाओं के प्रति भी जिज्ञासा का भाव ले लेगा। जिज्ञासु मन में बहुत दम होता है। इसी दम पर हिन्दी समाज उस अधूरे नवजागरण को पूरा कर सकेगा जिसे भारतेन्दु, महावीरप्रसाद द्विवेदी और प्रेमचन्द ने अपने-अपने ढंग से आगे बढ़ाया था।

डड़ेल का इलाज

नब्बे के दशक के मध्य की बात है। यही मौसम था। हिन्दी की हैसियत, उसके भविष्य और अन्य भाषाओं से उसके रिश्तों पर विचार करने के लिए तमाम लोग भिलाई में इकट्ठा किए गए थे। भोपाल में इतिहास की प्राध्यापक डॉ. उर्मिला मिश्र ने भोजन के समय मुझसे पूछा कि डड़ेल का क्या इलाज हो सकता है। मुझे तुरन्त कोई उत्तर नहीं सूझा, इसलिए मैंने कहा कि सोचकर बताऊँगा। इस बीच दो साल बीत गए, पर कोई स्पष्ट उत्तर मुझे नहीं सूझा। डड़ेल की बात मैंने ही चलाई थी, अतः जवाब देना मेरी जिम्मेदारी थी। प्रश्न टेढ़ा और अप्रत्याशित था, क्योंकि सामान्य अर्थ में लोग डड़ेल को या तो फेंक देते हैं या थोड़ा-थोड़ा तेल मिलाकर इस्तेमाल करते रहते हैं। प्लेटफॉर्म पर पूरी-समोसे तलनेवालों की डड़ेल शायद ही कभी फिंकती हो। पर भाषा की डड़ेल ? बात यूँ उठी थी कि हिन्दी एक के बाद एक राजनीतिज्ञ की स्वार्थपूर्ति का साधन बनी रही। कोई बोला, उसे उर्दू से अलग करो, तभी वह अपना असली रूप ग्रहण करेगी। फिर कोई और साहब बोले कि हिन्दी को उर्दू से काटकर संस्कृत से जोड़ो, तभी वह मर्दाना बनेगी। फिर किसी तीसरे ने फरमाया कि हिन्दी से उसकी बोलियों की गन्ध हटाओ, तभी वह शिक्षा का सही माध्यम बनेगी। चौथे ने कहा, असली झगड़ा तो अंग्रेजी से है, उसे हटाओ, फिर हिन्दी अपने-आप बनेगी। इस तरह तमाम लोगों ने हिन्दी को अपनी-अपनी इच्छा और निगाह का निशाना बनाया। किसी ने उसमें पूरियाँ तलीं, किसी ने पकौड़े; किसी ने मालपुए तले तो किसी ने समोसे। धीरे-धीरे हिन्दी डड़ेल बन गई। उसमें कही गई बातों में उन इरादों की गन्ध आने लगी जिनके लिए वह इस्तेमाल की गई थी। किसी विषय को ताजगी के साथ कुरेदना या किसी मुद्दे को नए दृष्टिकोण से परखना एक ऐसी चुनौती बन गया जिसे उस विषय का बिरला महारथी ही निभा सकता था। वह साधारण शिक्षक या लेखक के बूते की बात नहीं रही।

इस समस्या की वास्तविकता समझने के लिए किसी हिन्दी माध्यम स्कूल में बच्चों के बीच बैठकर विज्ञान या गणित सीखने का अनुभव लेना उपयोगी हो सकता है। जो लोग बच्चों की दुनिया से बेखबर हैं, शिक्षा जिनके लिए एक अमूर्त, राष्ट्रीय चिन्ता-भर है, रोजाना की घिसट नहीं, वे शायद ही डड़ेल बनी हिन्दी का दुःख पहचान सकें। छठी कक्षा में बैठकर गाँव के बच्चे के कानों से ऐसे वाक्य 'सुनें' जो सरकारी किताब में साधारण-सा वैज्ञानिक ज्ञान देने के लिए रचे गए हैं, तो शायद हम हिन्दी भाषा की गत

पहचान सकेंगे। एक वाक्य है : 'जीव वृद्धि करते हैं।' एक अन्य वाक्य है : 'अपकेन्द्रण भी द्रव से किसी पदार्थ के निलम्बित कणों को पृथक करने की एक विधि है।' ये वाक्य मैंने कोई विशेष प्रयास करके नहीं चुने हैं। 'योग के लिए तत्समक अवयव कहलाता है' या 'जल, पवन, सूर्य का प्रकाश तथा जैवमात्र ऊर्जा के नवीनीकरण स्रोत कहलाते हैं'—ऐसे वाक्य विज्ञान और गणित की स्कूली पुस्तकों में भरे पड़े हैं। पूरी किताबें ही इस भाषा में लिखी गई हैं और आप यह भी नहीं कह सकते कि ये किताबें जानबूझकर इस भाषा में लिखी गई हैं जिसे बच्चे और उनके शिक्षक आसानी से नहीं समझ सकते। सच यह है कि ज्ञान का कोई भी विषय प्रस्तुत करने के लिए हमने ऐसी भाषा को स्वीकृति दे रखी है जिसमें बोली हुई हिन्दी का स्पन्दन नहीं है। हिन्दी के बोले जानेवाले तमाम रूपों को उस हिन्दी की निर्माण-प्रक्रिया से बाकायदा बाहर रखा गया है जिसका इस्तेमाल शिक्षा और सरकारी काम-काज के लिए किया जाना तय है। बच्चों की शिक्षा के हिसाब से देखें तो यह मामला कोई छोटी-मोटी भूल नहीं है, एक विराट दुष्चक्र है जो हिन्दी प्रान्तों में निरक्षरता और अशिक्षा के फैलाव में काफी बड़ा योगदान देता दिखाई देता है।

कुछ दिन पहले सत्यमित्र दुबे ने 'जनसत्ता' में एक लेख लिखा। लेख का तात्कालिक विषय एक गोष्ठी थी जिसमें हिन्दी क्षेत्र की बोलियों की हैसियत पर विचार किया गया था। श्री दुबे इस गोष्ठी की चिन्ताओं से असहमत हैं, यह स्पष्ट है, पर गोष्ठी के आयोजकों को तमाम विशेषणों से विभूषित करने की जरूरत उन्हें क्यों पड़ी, यह समझना कठिन है। ऐसा शायद उन्होंने गुस्से में आकर किया है। सौभाग्य की बात है कि उनका गुस्सा मेरी समझ के बाहर नहीं है। वे हिन्दी के बोले गए रूपों को लेकर चिन्तित नहीं हैं, क्योंकि वे मानते हैं कि 'ये बोलियाँ हिन्दी की सगी बहनें ही नहीं, बल्कि उसकी वास्तविक ऊर्जा और आत्मा हैं।' मैं श्री दुबे की इस स्थापना से सहमत हूँ, पर यह जानना चाहता हूँ कि हिन्दी की बोलियों में प्रचलित शब्द बच्चों की पाठ्य-पुस्तकों में क्यों नहीं दिखाई देते। श्री दुबे ने लिखा है कि बोली और भाषा के बीच द्वन्द्व देखने का प्रयास करना एक 'दुर्भाग्यपूर्ण खेल' है। उनके अनुसार, "अनेक सम्भ्रान्त, समझदार लोग इस खेल का शिकार हो जाते हैं।" मेरा अनुमान है कि ये विशेषण श्री दुबे ने अशोक वाजपेयी, रमाकान्त अग्निहोत्री और मुझे याद करके चुने हैं। हम तीनों बोलियोंवाली गोष्ठी के उद्‌घाटन सत्र में शामिल थे। वैसे भी मुझे किसी दुर्भाग्यपूर्ण खेल का शिकार कहलाने में कोई आपत्ति नहीं है क्योंकि यह वर्णन मुझे उन करोड़ों बच्चों और युवाओं से जोड़ देता है जो अपनी पढ़ाई कहने को तो अपनी मातृभाषा हिन्दी में करते हैं, पर उस भाषा से वे लयें, रंग, छटाएँ एकदम गायब रहती हैं जो शिक्षा को सजीव बनाने के लिए आवश्यक हैं।

आज से कोई 140 साल पहले पंडित तारादत्त ने कुमाऊँ क्षेत्र की प्राथमिक शालाओं के लिए एक पाठ्य-पुस्तक लिखी थी। यह पुस्तक अभी हाल में 'पहाड़' की ओर से पुनर्प्रकाशित की गई है। 'पहाड़' उन रचनाशील बौद्धिकों का समूह है जो उत्तराखंड के

जन-जीवन और ज्ञान को इस नजरिए से उलटने-पुलटने में लगे रहे हैं कि उसमें अपनत्व का बोध किया व कराया जा सके। जाहिर है, शेखर पाठक और 'पहाड़' के अन्य साथी इस चिन्ता से ग्रस्त रहे हैं कि उनके इलाके में शिक्षा फैली तो है, पर इस तरह फैली है कि लोगों की मौलिकता और शैक्षिक ज्ञान से जुड़ने की क्षमता सिमटती जा रही है। 'पहाड़' के ताजे प्रकाशनों में गंगोत्री गर्ब्यालु की 'यादें', चन्द्रकुँवर बर्त्वाल की कविताएँ और उत्तराखंड में स्वाधीनता संग्राम का सचित्र इतिहास शामिल है। लेकिन पंडित तारादत्त की प्राथमिक भूगोल का महत्त्व कुछ अलग ही है, क्योंकि इस छोटी-सी किताब को देखकर उस हिन्दी की बानगी मिलती है जो उन्नीसवीं सदी के अन्तिम दशक से शुरू होकर आजादी के बाद अपने चरम पर पहुँचे हिन्दी-पुनर्निर्माण अभियान के पहले स्कूलों में इस्तेमाल की जाने योग्य मानी जाती थी। उस हिन्दी में बहुत कुछ ऐसा है जिसे देखने-सुनने को आज के बच्चे तरसते हैं। एक वाक्य है : 'किसी किसी गाँव में ईख भी होती है परन्तु गुड़ नहीं बनाते। उसके रस को औटाय के उसमें तमाकू कूटकर भोटियों के पास बेचते हैं।' एक अन्य वाक्य लें : 'अलकनन्दा के किनारे राजमहल पिछले समय का बना है। जिस समय बना होगा, अच्छा होगा अब तो टूटा-फूटा पड़ा है।' इस पुस्तक में 'वार्षिक' के लिए 'बरसोड़ी', 'परिवार' के लिए 'मवासे' और 'राजस्व अधिकारी' के लिए 'कानूनगो' जैसे शब्द हैं।

यह चर्चा करते-करते मैं इस चिन्ता में डूबा जा रहा हूँ कि बहुत से पाठक इस चर्चा के पीछे मानवीकरण के विरोध की मंशा सूँघ रहे होंगे। शायद कुछ अन्य पाठक यह भी सोच रहे हों कि मैं हिन्दी को डेढ़ सौ साल पीछे ले जाना चाहता हूँ अथवा बीते हुए कल को लेकर भावुक हो रहा हूँ। काश, ये सम्भावनाएँ सच होतीं और डड़ेल का इलाज महज मेरी व्यक्तिगत भ्रान्तियों या कमजोरी का इलाज ढूँढ़ने का मामला रह जाता। ऐसी स्थिति में डॉ. उर्मिला मिश्र को यह लिखकर मैं सन्तुष्ट हो जाता कि डड़ेल का इलाज वे किसी हलवाई से पूछें। वैसे भी भिलाई की गोष्ठी में किसी ने भोजन के दौरान ही मुझे बताया था कि पान के पत्ते में आलू लपेटकर तलने से डड़ेल साफ हो जाती है। हिन्दी की स्वाभाविक स्निग्धता एक बार फिर हासिल करना और उसे सर्वसुलभ बनाना इतना आसान नहीं है, पर 'पहाड़' के प्रकाशनों ने एक रास्ता जरूर दिखाया है।

यह रास्ता मानक हिन्दी के विरोध का रास्ता नहीं है। दरअसल यह किसी के विरोध का रास्ता नहीं है। यह रास्ता रचना का है और आम जिन्दगी के रोजाना के क्रम में करोड़ों कल्पनाशील रूप लेनेवाली मौलिकता को पहचानने का है। ये रूप हिन्दी की बोलियों में संरक्षित हैं। संविधान के 351वें अनुच्छेद में तय की गई व्यवस्था इन रूपों को बाहर रखने का एक अभागा प्रयास है और इस प्रयास का फल हिन्दी प्रान्तों के बच्चे पीढ़ी-दर-पीढ़ी भोग रहे हैं। यह कोई नहीं कह रहा कि हिन्दी का मानक रूप नहीं बनना चाहिए। देखना यह है कि आज मानक बताई जा रही हिन्दी इतनी निर्जीव और सख्त क्यों है। वह बात को माँजने की जगह छिपाने में ज्यादा सक्षम क्यों है ? अवश्य

ही हर भाषा के लिखे गए रूप और बोले गए रूप में फर्क होता है, एक दूरी होती है। पर हिन्दी में यह दूरी इतनी ज्यादा क्यों है ? भूगोल की पुस्तक आगोर को 'जलागम क्षेत्र' क्यों कहती है ? क्या इसीलिए क्योंकि आगोर राजस्थानी का शब्द है ? मैंने भी यह शब्द अनुपम मिश्र की 'राजस्थान की रजत बूँदें' से जाना है। काठमांडू में सुप्रीम कोर्ट को 'सर्वोच्च अदालत' कहते हैं। हम उसे अदालत क्या इसीलिए नहीं कहते क्योंकि 'अदालत' उर्दू शब्द है और उर्दू शब्दों को राजभाषा हिन्दी से बाहर रखना एक नीति बन चुका है ? दिल और दिमाग को इतने पर्दों और दीवारों से घेरकर जो हिन्दी बनी है, वह ज्ञान की साधना और देश के विकास को खुली तबियत से किए जानेवाले काम नहीं बना सकती। यह बहस हम हिन्दीभाषियों की अपनी, अन्दरूनी बहस है। आज जब हिन्दी राष्ट्रभाषा बनने से बहुत दूर उत्तर प्रदेश की कचहरियों में सुनाए जानेवाले फैसलों की भाषा भी नहीं बन पाई है, तो हमें मान लेना चाहिए कि अब जल्दी करने की कोई तुक नहीं रही; अपनी अन्दरूनी बहसों को बिना गुस्से और खीझ या जलन के चलाने के लिए पर्याप्त समय लेना ज़रूरी है। समस्या साफ है और गम्भीरतर होती जा रही है—कि हम ऐसी मानक भाषा क्यों नहीं गढ़ सकते जिसमें हर हिन्दीभाषी को अपने इलाके की झलक नजर आए।

एक शब्द की टोह में

आम चर्चा में इस्तेमाल होनेवाले जिस अंग्रेजी शब्द के लिए मुझे कोई उपयुक्त हिन्दी शब्द नहीं मिलता, उस शब्द के प्रति थोड़ा डर और बहुत-सा संशय मेरे मन में आदतन पैदा हो जाता है। ऐसा ही एक शब्द है 'एक्टिविस्ट', जो नर्मदा के आन्दोलन से जुड़े लोगों के लिए लगातार प्रयोग में आता रहा है। पहले मैं सोचता था कि यह शब्द इन लोगों का जिक्र करने या परिचय कराने के लिए दूसरे लोग इस्तेमाल करते हैं। अब मुझे पता है कि आन्दोलन से जुड़े लोग स्वयं का परिचय देने के लिए इस शब्द का सहारा लेते हैं। जो लोग आन्दोलन के कार्यकर्ता या नेता नहीं हैं, जब कभी जरूरत और सुविधा के अनुसार मदद-भर कर देते हैं, उनके इस योगदान को भी एक्टिविज़्म के प्रति उनके झुकाव का परिचायक माना-कहा जाता है। नर्मदा आन्दोलन के एक-दो मामूली कामों में थोड़ा-सा सहयोग देने से मैं स्वयं एक्टिविज़्म के इस वृहत्तर अर्थवृत्त में आ गया हूँ। यह बात मेरे लिए गर्व या कम-से-कम सन्तोष का विषय हो सकती थी, क्योंकि आमतौर पर लेखकों-बुद्धिजीवियों को कुर्सीबाज़ चिन्तक माना जाता है। एक्टिविज़्म की हल्की-सी झटक भी कुर्सी और किताब से उपजी सुविधाभोगी जड़ता वाली छवि को तोड़ने में सक्षम है, यह बात मुझे तसल्ली दे सकती थी, परन्तु ऐसा हुआ नहीं।

मेरा इस शब्द से परिचय पहले-पहल सत्तर के दशक की शुरुआत में हुआ, जब ब्राजील के शिक्षा-चिन्तक पालो फ्रेरे की पुस्तक 'उत्पीड़ितों का शिक्षणशास्त्र' अंग्रेजी में अनूदित होकर भारत पहुँची और मुझे कनॉट प्लेस में गलगोटिया की दुकान पर दिखी। शीर्षक आकर्षक था और उन दिनों अमरीका या ब्रिटेन में छपी किताबें भारतीय मुद्रा में महँगी नहीं लगती थीं। डॉलर कुल छः रुपए का था; ज्यादातर किताबें दस-पन्द्रह रुपए की पड़ती थीं। इलिच और होल्ट की किताबें मैंने इसी तरह की कीमतों पर खरीदी थीं। किताब या पत्रिका खरीदना कनॉट प्लेस जाने का अभिन्न और स्वाभाविक अंग था। घेरे के बीच कोने पर बड़ा-सा इंडियन कॉफी हाउस था जिसे बाद में पालिका बाजार बनाने के लिए तोड़ दिया गया। बसें कम किन्तु सुलभ थीं; मॉडल टाउन से रीगल तक पन्द्रह पैसे लगते थे। 'दिनमान' पचहत्तर पैसे का आता था और उसे पढ़ लेने से अंग्रेजी पत्रिकाएँ पढ़ना दिल्ली महानगर में युवा लेखक बनने के लिए जरूरी नहीं रह जाता था। यह सोचकर मुझे थोड़ी दहशत होती है कि मुश्किल से पच्चीस वर्ष पुराना यह परिदृश्य आज मटियामेट हो चुका है। हाँ, अतीत का वियोग एक बात है जो पचास की ओर

बढ़ते हुए आदमी को हर चीज में रुआँसा कर देता है, पर मामला इतना सरल नहीं है। न ही बात एक-दो विचारों या जिन्दगियों की है। इलिच कैंसर से पीड़ित हैं और फ्रेरे का इसी मई में निधन हो गया। सत्तर के दशक में उभरे इन दोनों चिन्तकों से पोषण पानेवाला विषमतावाद का विरोध आज थम-सा गया है। भारत में समता पर पहली महत्त्वपूर्ण पुस्तक लिखनेवाले आन्द्रे बेते समता को एक घिसी हुई अवधारणा बता चुके हैं। एक नई तरह की ठंडक हवा में है जिसमें समाज की संरचना में परिवर्तन का ख्याल बहुतों को बेकार की बात दिखने लगा हैं। एक नई महक भी हवा में है, जिसमें हर पसीने की उपस्थिति डूब गई है।

फ्रेरे ने अपनी पुस्तक के तीसरे अध्याय में शब्द की महत्ता समझाते हुए उसके दो अवयव बताए थे—कर्म और चिन्तन। जीवन कर्म का पर्याय बन जाए, उसमें चिन्तन के लिए जगह न रहे, यह फ्रेरे के मतानुसार 'एक्टिविस्ट' होने की निशानी है। इसके विपरीत कर्म का जोखिम उठाए बिना चिन्तन करनेवाले को उसने 'वर्बलिस्ट' की संज्ञा दी है। फ्रेरे का यह विश्लेषण मेरे दिमाग पर आज तक छाया हुआ है। नर्मदा के साथियों को देखकर मुझे अक्सर फ्रेरे का वर्गीकरण याद आता है। इन साथियों ने जीवन के कई वर्ष—वह भी जवानी के वर्ष—आन्दोलन में होम कर दिए हैं। आन्दोलन जब अपने क्वथरांक से गुजर रहा होगा, इन साथियों की दैनिक जिन्दगी की भागदौड़ अलग नहीं दिखती होगी। यह मेरा अनुमान ही है क्योंकि उस दौरान मैं नर्मदा की खबरों का पाठक भर था। मेरी अक्रियता और इन लोगों की सक्रियता के बीच जो दूरी उन वर्षों में थी, शायद वही मेरे लिए इस विश्लेषण का प्रवेशद्वार है।

नर्मदा उन सैकड़ों खबरों में से एक थी जो रोज अखबारों के पन्नों पर छपी रहती हैं। अस्सी के दशक के अन्तिम वर्षों में नर्मदा मेरे लिए नदी नहीं थी, एक नाम थी जिसका न कोई बिम्ब था, न कोई अर्थ। ऐसे हजारों शब्द प्रतिदिन हमारे ध्यान में केवल इस नाते लाए जाते हैं कि हम अखबार खरीदते या पढ़ते हैं, पढ़ा-लिखा आधुनिक पाठक दुनिया की और तमाम चीजों के साथ खबरों का भी उपभोक्ता होता है। उसके ध्यान में वह सब रोज़ सुबह लाया जाता है जो कहीं-न-कहीं पिछले दिन या गई रात के दौरान घट चुका होता है और जिसके कुछ अवशेष उस समय भी घट रहे होते हैं जिस समय जागृत उपभोक्ता अखबार पढ़ रहा होता है। उसकी सजगता और खबरों की घटना-भूमि के बीच अखबारी कागज का पर्दा पड़ा रहता है। यह पर्दा ही उपभोक्ता यानी पाठक को उसकी पहचान देता है। 'मैं पर्दे के इस तरफ हूँ, खबरों का पात्र बने लोग और स्थान उस तरफ हैं' : हमारे बीच इस रिश्ते का बना रहना व्यवस्था के सुचारु संचालन के लिए जरूरी है। इस रिश्ते की अनिवार्य शर्त है कि खबरों में आए नाम यथासम्भव कोई बिम्ब न बनें। कुछ नाम यदा-कदा छवि बनते रहें, इसमें कोई हर्ज नहीं; उल्टे यह जरूरी है, क्योंकि दो-चार नामों को छवि का रूप देने से खबरों की समूची दुनिया कुछ आकर्षक बन जाती है। छवि की जड़ता ही उसका आकर्षण है जो एक चौखटे में दिखाई गई तस्वीर के सहारे समूचे अखबार पर फैल जाता है। छवि कुछ निश्चित नामों की

ही बनाई जा सकती है, इसलिए यह बार-बार छापी या दिखाई जा सकती है। बिम्ब का संसार असीम है। कोई भी दृश्य या व्यक्ति बिम्ब का विषय बनाया जा सकता है और यदि उसे किसी विशेष सन्दर्भ में उभारा जाए तो वह एक टिकाऊ प्रतीक बन सकता है। बिम्ब को उभारने के लिए शब्द उतने ही सक्षम हैं जितना चित्र, किन्तु दोनों के प्रयोग में रचनाकार की जान चाहिए।

पिछले दशक के अन्तिम वर्षों में नर्मदा एक बड़ी घटना भूमि बन चुकी थी। 'नर्मदा बचाओ' आन्दोलन एक आश्चर्य का रूप ले चुका था जिसे देश के भीतर और बाहर विस्मय के साथ देखनेवाले लोगों की संख्या लाखों में थी। सरदार सरोवर के क्षेत्र में गाँव-गाँव से उपजी संघर्ष की ऊर्जा आजादी के बाद के इतिहास में एक नई तरह का अध्याय रच रही थी। एक नयापन इस नाते था कि इस अध्याय में हिंसा का इस्तेमाल सिर्फ राज्य की ओर से हो रहा था। दूसरा नयापन मध्यम वर्ग से निकले नेतृत्व के चरित्र में था ! इसके पहले भी मध्यम वर्ग के पढ़े-लिखे युवा लोगों ने देश में कई जगहों पर अन्यायी विकास प्रक्रियाओं की चपेट में आए ग्रामीण जन का साथ देने की कोशिश की थी, पर नर्मदा घाटी में सक्रिय शहरी नेतृत्व की चमक कहीं और नहीं देखी गई थी। इस चमक में ईमान और विनय के अलावा तीव्रतम अधैर्य था जो ग्रामीण मनुष्य में प्रायः होता ही नहीं और शहरियों के स्वभाव में निहायत स्वार्थपोषी शक्ल ले लेता है। नर्मदा आन्दोलन के शहरी नेतृत्व की अधीरता घाटी की आदिवासी जनता के सर पर खड़े विनाश को आत्मसात किए थी। ऐसा परपोषी अधैर्य अखबारों के शहरी पाठकों और सरकार के अधिकारियों ने कभी देखा ही नहीं था। राजनीतिज्ञों के लिए भी वह अपरिचित चीज ही थी, यद्यपि आजादी के पहले की राजनीति ने उसकी कई मिसालें पैदा की थीं।

यदि बात बीस वर्ष पूर्व की होती तो नर्मदा के संघर्ष को आकार देनेवाले मध्यमवर्गीय, ऊँची शिक्षा प्राप्त नेतृत्व के शहरी सदस्यों को अखबारी भाषा में 'आन्दोलनकारी' नाम दिया जाता, 'एक्टिविस्ट' नहीं। 'एक्टिविस्ट' शब्द का प्रचलन हुआ ही अस्सी के दशक में। इस दशक की जिस सामाजिक जलवायु को यह शब्द अपने में समेटे है, उसकी दो-तीन विशेषताएँ गौर करने लायक हैं। वे विशेषताएँ देश के भीतर चले घटना-चक्र से उपजी हैं, पर उनमें दुनिया की आर्थिक और बौद्धिक जलवायु में हुए परिवर्तन भी पढ़े जा सकते हैं। अस्सी का दशक एक पनमेड़ था, जिसके एक तरफ हम आपातकाल के रूप में लोकतान्त्रिक राजनीति का पराभव देखते हैं और दूसरी ओर विश्व पूँजीवाद के आगे भारतीय राज्य का समर्पण।

आपातकाल की व्याख्या कई तरह से की गई है। जैसे-जैसे हमारे लोकतन्त्र का इतिहास लम्बा होता जाएगा, हम आपातकाल में बहुत सी ऐसी चीजें देखने में समर्थ होते जाएँगे जिन्हें हम आज नहीं देख पा रहे हैं। मोटे तौर पर याद करें तो जयप्रकाश नारायण के नेतृत्व में चले जिस आन्दोलन ने देश की राजनीति को 25 जून, 1975, की मध्य रात्रि तक पहुँचाया, उसकी शुरुआत काफी चलते-फिरते ढंग से गुजरात के

शिक्षित नवयुवकों और जे.पी. के संवाद से हुई थी। इस संवाद में इन नवयुवकों ने जे.पी. से ऐसी तमाम बातें जानना चाही थीं जिन्हें उनकी लम्बी शिक्षा ने नहीं छुआ था। इन बातों के दायरे में समाज, लोकतन्त्र की राजनीति, अर्थव्यवस्था, उसकी विसंगतियाँ—जैसे गरीबी और भ्रष्टाचार—यानी वह सभी कुछ आया जो स्कूल-कॉलेजों के लम्बे-चौड़े पाठ्यक्रमों में रह जाता है। इस संवाद में जे.पी. की हैसियत एक ऐसे शिक्षक की थी जिसके छात्रों की जिज्ञासा किसी सरकारी पाठ्यक्रम, पाठ्य पुस्तकों या परीक्षा के ढाँचे में नहीं बँधी थी। मुझे यह नहीं मालूम कि गुजराती छात्रों के सवालों के जे.पी. ने ठीक-ठीक क्या उत्तर दिए। जहाँ तक मेरी जानकारी है, जे.पी. के उत्तर कहीं ठीक से दर्ज नहीं हैं। जे.पी. तब तक उन पैमानों पर महत्त्वपूर्ण नहीं बने थे जो हमारे समाज और उसके संचार-तन्त्र में किसी को इतना महत्त्व देने के लिए इस्तेमाल किए जाते हैं कि उसकी हर सार्वजनिक बात किसी-न-किसी माध्यम में दर्ज कर ली जाए। वैसा महत्त्व उन्हें 1975 के वसन्त में जाकर ही मिल पाया। उनके एक-एक शब्द पर ध्यान दिया जाने लगा; पुलिस के जासूस उनकी जनसभाओं में बाकायदा बैठाए जाने लगे और अखबारों में जे.पी. के आलोचक, जो इन्दिरा गाँधी की सरकार के पक्ष में थे, जे.पी. के वक्तव्यों का बारीक विश्लेषण करने लगे। जो शब्द 25 जून की शाम दिल्ली के रामलीला मैदान में जे.पी. ने बोले और जिनकी बहुत भारी कीमत देश को सामाजिक और राजनैतिक दोनों स्तरों पर उठानी पड़ी, उनको इतना महत्त्व इसीलिए दिया गया क्योंकि वे जे.पी. के मुँह से निकले थे। जे.पी. ने पुलिस और फौज से यह अपील की थी कि वे अपने अधिकारियों की जगह अपनी अन्तरात्मा का आदेश सुनें।

जे.पी. की इस अपील की जाँच हम कई तरीकों से कर सकते हैं—एक, उनके व्यक्तिगत जीवन के सन्दर्भ में; दो, आजादी के बाद से विकसित हुए राजनीति और सत्ता के चरित्र के सन्दर्भ में; और तीन, 1975 की गर्मियों के विशिष्ट राजनैतिक सन्दर्भ में, खासकर इन्दिरा गाँधी के खिलाफ इलाहाबाद की उच्च अदालत द्वारा दिए गए निर्णय के सन्दर्भ में। इनमें से दूसरा सन्दर्भ मुझे ज्यादा मतलब का लगता है। मुझे यह भी महसूस होता है कि सत्ता की राजनीति से जे.पी. की विरक्ति उनके व्यक्तिगत जीवन से ज्यादा भारत के सामाजिक और राजनैतिक इतिहास की पृष्ठभूमि में देखी जानी चाहिए। यदि जे.पी. 1975 में जन-आन्दोलन की जगह चुनाव की राजनीति का रास्ता अपनाते तो आपातकाल लगाने की जरूरत ही इन्दिरा गाँधी को न पड़ती, ऐसा एक सहज निष्कर्ष उस दौर की घटनाओं को केवल उनके क्रम के लिहाज से देखकर हम निकाल सकते हैं। किन्तु क्रम इतिहास का सिर्फ एक पहलू होता है। यह कहना बहुत ही कठिन है कि जे.पी. ने अपने जन-आन्दोलन की सम्भावित परिणतियों का हिसाब पूरे विस्तार से लगाया था या नहीं। इन्दिरा गाँधी की सम्भावित प्रतिक्रिया का अनुमान लगाने में उनकी कितनी रुचि थी, यह भी कहना मुश्किल है। यह सच है कि जे.पी. के जन-आन्दोलन ने एक बहुत बड़े संवाद को जन्म दिया था, लेकिन इस प्रक्रिया का शिखर संवाद उनके और इन्दिरा गाँधी के बीच होना लाज़िमी था। जे.पी. सत्ता और

ताकत का विकेन्द्रीकरण चाहते थे, लेकिन वह यह भी मानते थे कि भ्रष्टाचार का एक स्तर अन्य स्तरों से ज्यादा महत्त्वपूर्ण है। उनकी यह मान्यता इस रूपक से स्पष्ट है कि वे 'गंगोत्री' को साफ कर देना चाहते थे। यदि इस रूपक को ऐतिहासिक साक्ष्य माना जाए तो हम कह सकते हैं कि जे.पी. लगातार इन्दिरा गाँधी से लड़ रहे थे, लेकिन एक ऐसे हथियार के सहारे जिसे मान्यता देना इन्दिरा गाँधी के लिए असम्भव था। वे जिस राजनैतिक ढाँचे के केन्द्र में थीं, उस ढाँचे के विकास में इस हथियार का कोई स्थान या योगदान नहीं था। दरअसल यह हथियार आजादी के पहले के दिनों से लगभग बेकार पड़ा हुआ था और काम में न लाए जाने के कारण उसमें काफी जंग लग चुकी थी। हथियार काफी पुराना रहा होगा, किन्तु बीसवीं सदी में एक हथियार के रूप में उसकी पहचान महात्मा गाँधी ने की थी। जे.पी. के द्वारा इस हथियार का चुनाव और पूरी निष्ठा से उसका प्रयोग करने के पीछे गाँधी की ही विरासत थी, यद्यपि यह मानकर चलने का कोई आधार न तो जे.पी. के पास था और न हमारे पास आज तक है—भले नर्मदा का आन्दोलन भी इसी हथियार के इस्तेमाल की एक मिसाल है—कि ब्रितानी साम्राज्यवाद के खिलाफ कारगर सिद्ध हुआ यह हथियार एक स्वतन्त्र राष्ट्र में भी उतना ही कारगर सिद्ध हो सकता है। हथियार का नाम है लोकशक्ति।

इस हथियार को इस्तेमाल करनेवालों को पहले राजनीति में शामिल माना जाता था, भले ही उनकी लड़ाई सत्ता पाने के लिए नहीं होती थी। आज ऐसे लोगों को राजनीति से बाहर माना जाता है तो इसीलिए क्योंकि राजनीति की अवधारणा का संकोचन हो चुका है और आज सिर्फ उन्हें राजनीति करनेवालों में शामिल माना जाता है जो, या तो स्वयं सत्ता पाने के लिए संघर्ष कर रहे हैं या किसी ऐसे व्यक्ति या दल के साथ हैं जो सत्ता की स्पर्धा में सक्रिय है। यदि कोई सत्ता की स्पर्धा में नहीं है—न खुद है, न किसी अन्य के साथ है—फिर भी लोकशक्ति के जागरण या संचरण में लगा है, तो उसे आज की भाषा में 'एक्टिविस्ट' कहा जाएगा। भाषा में आया यह परिवर्तन एक बड़ी ऐतिहासिक प्रक्रिया की देन है जो चल काफी समय से रही थी, पर जिसकी इति आपातकाल लगाए जाने में हुई। यह प्रक्रिया थी लोकशक्ति के जागरण से जुड़े कामों के राज करने की नीति से दूर होते चले जाने की। सभी तरह के बौद्धिक, सामाजिक व कलात्मक काम जो चेतना के किसी-न-किसी स्तर पर मनुष्य को जीने की ताकत देते हैं, अन्ततः राजनैतिक काम हैं, इस बात की स्वीकृति हमारे स्वतन्त्रता-संघर्ष में बहुत गहराई पर मौजूद थी। इसी स्वीकृति में यह सहमति लिपटी थी कि आम लोगों को उनके अधिकारों के प्रति चेताते हुए दुनिया के बारे में उनकी समझ को विस्तार देना उन पर राज करने के मुकाबले दोयम दर्जे का काम नहीं है। उल्टे यह मान्यता उपरोक्त स्वीकृति का आधार थी कि लोकतान्त्रिक ढंग से राज चलाना तभी सम्भव है जब जन-जीवन को आकार देनेवाले ढाँचों और निर्णयों के प्रति जन-सामान्य की प्रतिक्रिया को अभिव्यक्ति का प्रशिक्षण और अभ्यास निरन्तर दिया जाता रहे। यह अभिव्यक्ति अपने आप होती रहेगी, उसे प्रशिक्षण देना जरूरी नहीं है, ऐसा अच्छे-से-अच्छे लोकतन्त्र के सन्दर्भ में भी

नहीं कहा जा सकता। सामूहिक प्रतिक्रियाएँ स्वतःस्फूर्त हो सकती हैं, पर ऐसी प्रतिक्रियाओं में प्रायः कोई स्थायी शक्ति नहीं होती। वे जिन संरचनाओं या निर्णयों से जन्म लेती हैं, उन्हें रूपान्तरित करने की सामर्थ्य उनमें नहीं होती। यह सामर्थ्य तो उन्हें तभी मिलती है जब उन्हें आकार देनेवाला नेतृत्व-समूह स्पष्टतः उभर सके और तुरन्त कुचल या थका न दिया जाए।

जे.पी. के नेतृत्व ने सत्तर के दशक के पूर्वार्ध में यह भूमिका निभाई। जीवनपर्यन्त सत्ता के गलियारों से दूर बचे रहकर जे.पी. ने यह हैसियत पा ली थी कि वे अपना कोई भी कदम लोगों के मन में शक की दृष्टि से देखे जाने के डर के बगैर उठा सकें। उन्होंने अपनी जिन्दगी आत्मसम्मानपूर्वक जी थी। स्वयं सत्ता या शक्तिवृत्तों में धुसने के लिए किसी भी व्यक्ति को अपने स्वभाव में अनेक परिवर्तन करने पड़ते हैं; जे.पी. ने इन परिवर्तनों की जरूरत पैदा न होने दी। उनका स्वभाव सुरक्षित रहा। उनका स्वभाव मैंने 1975 की मई में एक दिन जी भरकर देखा—सुबह से देर रात तक। उस दिन का पूरा सफर याद करता हूँ तो एक ही संक्षेप जुबान पर आता है : विचार करने की फुर्सत और उसे अमल में आता देखने की व्यग्रता। आज इतने वर्ष बाद मैं समझ पाया हूँ कि जे.पी. के स्वभाव का यह संक्षेप फ्रेरे के इस विश्लेषण से कितना मिलता-जुलता है कि विचार के बगैर कर्म महज 'एक्टिविज़्म' है और कर्म के बगैर विचार महज 'वर्बलिज़्म'। यदि अब हम 'एक्टिविज़्म' को भागदौड़ और वर्बलिज़्म को वाग्विलास नाम दें, तो गलत न होगा।

कर्म और विचार का अन्तराल मनुष्य के जीवन, खासकर सामूहिक जीवन की एक पुरानी चिन्ता है। कुछ करते समय सोचने की और सोचते समय कुछ करने की इच्छा निरन्तर नया रूप लेती रहती है। व्यक्तिगत जीवन में हम इस इच्छा के नए रूपों के सामने कभी आनन्द, तो कभी कुछ अधीरता के साथ स्वयं को खड़ा पाते हैं और यदा-कदा केवल रूप पर विजय की खातिर सोचने-करने की अदला-बदली कर लेते हैं। लेकिन सार्वजनिक जीवन में कर्म और चिन्तन दोनों ही एक अलग अर्थ ग्रहण कर लेते हैं। सार्वजनिक सन्दर्भों में सोचने और करने का मायना ऐसे खतरों से ढक जाता है जिनका सामना करने के लिए कुछ विशेष धैर्य और साहस चाहिए। ऐसा नहीं कि व्यक्तिगत जीवन में कर्म और सोच में कोई जोखिम नहीं रहता। कितनी ही बार जब हम किसी गलत काम में लगे होते हैं, सोचना हमें इतना डराता है कि हम सोचने की फुर्सत भी नहीं पाना चाहते। इसी तरह जब कुछ करने में जोखिम होता है तो सोचते रहना ही श्रेयस्कर लगता है। पर सार्वजनिक सन्दर्भों में दोनों में छिपी चुनौतियाँ कुछ अलग ही धार लिए रहती हैं।

अपने निजी या पारिवारिक जीवन की जरूरतों से अलग दूसरों की हालत और जरूरतों के बारे में सोचना सामान्य अर्थ में चिन्ता को 'सार्वजनिक' बना देना है, लेकिन गहराई से सोचने पर यह व्याख्या पर्याप्त नहीं लगती। यदि वे दूसरे, जिनकी चिन्ता की खातिर हम अपने निजी कर्मक्षेत्र खोलने और फैलाने को तैयार हैं, हमारे ही जैसे हैं, यानी

हमारी जैसी हालत में ही हैं, तो वे 'दूसरे' ही कहाँ हुए ? यदि उनके कष्ट वही हैं जो हमारे हैं तो उनकी चिन्ता अपनी चिन्ता का ही प्रक्षेपण हुई, विस्तार नहीं। मुहल्ले की सफाई, उपभोक्ताओं के अधिकार या अपने आयवर्ग के लोगों को राजनैतिक सक्रियता देने के लिए सक्रिय होना—ये सब अपनी निजी चिन्ता के प्रक्षेपण ही हैं। इन प्रक्षेपों में हम जिन दूसरों की खातिर किसी सार्वजनिक काम में जुटते हैं, वे 'हम' के अंश होते हैं, बेगाने नहीं। चिन्ता या चेतना का विस्तार तो तभी माना जा सकता है जब हम ऐसे 'दूसरों' की खातिर अपना समय और श्रम खर्चें, जिनकी जिन्दगी के कष्ट हमसे कहीं ज्यादा बुनियादी हैं यानी इलाज से दूर हैं या फिर इलाज की दिशा से ही विमुख हैं। ऐसे लोगों के बारे में सोचने पर हमें उनके और अपने भाग्यभेद की कोई-न-कोई विवेचना करने की जरूरत पड़ती है।

प्रायः हम यह विवेचना सिर्फ अपने दिमाग से नहीं करते, उपलब्ध या लोकप्रिय विवेचनाओं के सहारे करते हैं, यद्यपि इन उपलब्ध विवेचनाओं की मदद हम इतनी सहजता से लेते हैं कि वह 'मदद' नहीं लगती। हम सोचते हैं कि यह हमारे अपने अनुभव से उपजी हुई एक मौलिक विवेचना है। हमसे कई गुना कम भौतिक सुविधा में जीनेवाले, गरीब कहलानेवाले लोग क्यों उस हालत में हैं, हम क्यों नहीं : इस प्रश्न को लेकर 'हम', यानी मध्यमवर्गीय सुविधा-चक्र से किसी-न-किसी स्तर पर जुड़े लोग, प्रायः अपनी मेहनत और योग्यता को श्रेय देने के आदी हैं। ऐसा करते हुए हम एक तरफ भाग्यवादी माने जाने से बचे रहते हैं, दूसरी तरफ समाज की आधुनिक संरचना में स्थापित विवेक के भागीदार हो जाते हैं। आज से दो पीढ़ी पहले भाग्यवादी होना बुरा नहीं माना जाता था। तकदीर एक साधारण-सी थ्योरी थी जिसकी मदद से अपनी सफलता और दूसरों की विफलता की व्याख्या कर देना गलत या पुराणपन्थी होने का चिह्न नहीं था। आज ऐसा है। शिक्षित मनुष्य से आज यह अपेक्षा की जाती है कि वह भौतिक सुख या उपलब्धि को प्रयास और क्षमता के परिणाम माने, किसी दैवी शक्ति की देन नहीं। सुख-दुख की यह व्याख्या स्थायी भौतिक कष्टों का जिम्मा पीड़ित पर मढ़ती है और स्थायी सुखों का श्रेय सुख भोगनेवालों को देती है। व्याख्याकार यदि सुखी श्रेणी का है तो वह उसे अहंकारी बनाती है, और दुखी श्रेणी का है तो आत्महीन। दोनों को वह उस संरचना के बारे में सोचने से दूर रखती है जो सामाजिक और आर्थिक सम्बन्धों में छिपी है। संरचना को भुलाए रखना ही वह विवेक है जिसे पूँजीवाद पर टिकी लोकतान्त्रिक व्यवस्था और उसकी शिक्षा हर क्षण सिखाती है।

आज जब पूँजीवाद अमरीका और सोवियत संघ के लम्बे शीतयुद्ध को जीतकर नव उदारपन्थ का चेहरा लेकर आया है, उसकी समीक्षा के विश्वसनीय औजार यकायक और अपने आप बाजार से गायब हो गए हैं। अर्थशास्त्र ही नहीं, सामाजिक विचार के आम जगत में स्पर्धा और निजी प्रयास की आजादी का डंका बजाया जा रहा है। विचार जगत के इस नए तेवर को एक सामान्य घटना मानना मुख्य रूप से धनी देशों के पक्ष में है। नई विश्वव्यापार-व्यवस्था के नियम अमीरों को स्थायित्व और सुरक्षा देने के इरादे

से बने हैं, इन नियमों से गरीब देशों के भीतर रहनेवाले अभिजन ही फलेंगे-फूलेंगे, जन-सामान्य और पिसेगा। इस दृष्टि से सामाजिक संरचना को ओझल रखकर सुख-दुख या सुविधा-कष्ट के बँटवारे की व्याख्या करनेवाली कोई थ्योरी हमारे उपयोग की नहीं हो सकती। सुख को अपने प्रयास की देन बतानेवाली विवेचना पुराने भाग्यवादी सोच से कम यथास्थितिवादी सिद्ध नहीं हुई है। इस सोच को छोड़कर ही सार्वजनिक चिन्ता और कर्म का ऐसा अर्थवृत्त बनाया जा सकता है जो सामाजिक संरचना में परिवर्तन की जरूरत की ओर हमारा ध्यान खींचे रह सकता हो।

आन्दोलन की राजनीति अवश्य एक सार्वजनिक कर्म है, पर ऐसे कर्म का जो अर्थवृत्त हमने अभी-अभी तय किया है, उसमें आज की राजनीति को रखना कठिन है। इस अर्थवृत्त को लेकर पीछे चलें तो जे.पी. का ऐतिहासिक महत्त्व हमें एकदम समझ में आ जाता है। समाज के ढाँचे में परिवर्तन को राजनीति का मुख्य मुद्दा माननेवाले वे आखिरी बड़े नेता थे। उन्होंने सत्ता की राजनीति का रास्ता छोड़ जन-आन्दोलन का रास्ता अपनाया। जे.पी. के इस चुनाव का मूल्यांकन यदि हम सिर्फ उनके जीवन-संघर्ष को देखते हुए करते हैं तो हमें लगेगा कि जे.पी. ने अपनी भूमिका सही निभाई। लेकिन अगर मूल्यांकन की कसौटी उनके जन-आन्दोलन की परिणतियाँ हैं तो हमें लगेगा कि जे.पी. की देन देश को काफी महँगी पड़ी। राजनीति में समाज-परिवर्तन को केन्द्रीय स्थान देने की जे.पी. की कोशिश विकारग्रस्त हो गई। उनके अभियान से सत्ता की राजनीति का चरित्र बदलने या फैलने की जगह और सिमट गया। ताकत के केन्द्रित और व्यक्तिनिष्ठ होते चले जाने की जिस विकृति को जे.पी. मिटाना चाहते थे, वह और बलवती हो गई। वे राजनीति का परिष्कार नहीं कर सके। उनकी कोशिश से सत्ता-केन्द्रित राजनीति का प्रतिक्रियावादी स्वभाव भड़क उठा; उसका यह विस्फोट सफल कर सकनेवाले सांस्कृतिक औजार जोड़ने में जे.पी. कामयाब न हुए, इस कारण राजनीति के सत्ता-केन्द्रित पक्ष की विजय हुई। यह विजय इतने विषाक्त वातावरण में हुई कि दूसरे पक्ष—यानी राजनीति को समाज-परिवर्तन का रास्ता माननेवाले पक्ष—को बहिष्कृत कर दिया गया। राजनीति से बहिष्कृत यह पक्ष 'एक्टिविज़्म' कहलाने लगा। आनेवाले वर्षों में सत्ताधारी राजनेताओं ने इस बहिष्कृत राजनीति को घिसटने के लिए मजबूर कर दिया। राजनीति के इस विभाजन से गाँधी का उपक्रम इतिहास की वस्तु बनकर रह गया। इस तरह देखें तो जे.पी. समाज-सुधार की गाँधीवादी राजनीति करनेवाले अन्तिम नेता या गैर-दलीय राजनीति करनेवाले पहले 'एक्टिविस्ट' कहे जा सकते हैं। उनके महाप्रयास की विफलता के बाद राजनीति का चारित्रिक प्रभाव रोक सकना सम्भव नहीं रह गया। नेताओं की नीचता पर अंकुश लगाना समाज के बूते से बाहर हो गया। नौकरशाही का काम व्यापारी और नेता के बीच कानूनी दलाली करना हो गया। इस गन्दे गठबन्धन से उपजे हजारों निर्णयों में से कुछेक पर उँगली रखना 'एक्टिविज़्म' कहलाने लगा।

बहेलिए का दृष्टिकोण

पंचतन्त्र में एक कहानी है। एक हिरण, एक कौआ, एक चूहा और एक कछुआ किसी जंगल में रहते थे। एक बार हिरण एक बहेलिए के जाल में फँस गया। चूहा कौए की मदद से वहाँ पहुँचा और उसने जाल कुतर डाला। उनका मित्र कछुआ भी वहाँ पहुँच चुका था। तभी बहेलिया वहाँ आया। हिरण को जाल में न पाकर उसे निराशा हुई पर कछुए को देखकर उसकी निराशा कुछ दूर हुई। उसे अपने झोले में डालकर वह चलने लगा। अब की बार हिरण ने होशियारी दिखाई और वह बहेलिए के रास्ते में जाकर खड़ा हो गया। बहेलिया हिरण को पकड़ने के लालच में झोले को जमीन पर रखकर हिरण के पीछे दौड़ा। हिरण तो योजनानुसार जंगल में भाग गया; उधर कछुआ भी मौका देखकर झोले से निकलकर किसी झाड़ी में जा छिपा। इस तरह बहेलिया बगैर कुछ प्राप्त किए घर लौटा।

घोषित तौर पर यह कहानी मैत्री का मूल्य बताती है। चार दोस्तों ने अपनी चिन्ता और बुद्धि के बल से एक-दूसरे की मदद की। पर उनके इस सुन्दर सखाभाव की अभिव्यक्ति के लिए साधन और प्रसंग जिस चरित्र से जुटाए उसकी ओर कहानी हमारा ध्यान नहीं खींचती। कहानी की संरचना और कहानी कहने की विधि ही कुछ ऐसी है कि इस चरित्र की ओर पाठक या श्रोता का ध्यान न जाए। इस चरित्र का दुर्भाग्य ही अन्य चरित्रों की अच्छाई सामने लाता है। यह चरित्र कौन है ? पंचतन्त्र के संसार में उसका स्थान हमें क्या बताता है ?

वही एक चरित्र इस कहानी में है जो मनुष्य है, शेष चारों जानवर या पक्षी हैं। चारों मित्र एक भाव-विशेष के प्रदर्शनार्थ चुने गए हैं। वे स्वयं में न चरित्र हैं, न प्रतीक; वे केवल चिह्न हैं जिन्हें स्वाभाविकता के न्यूनतम आरोपण से काम-चलाऊ जीवन दे दिया गया है। कौआ उड़ लेता है, इसी कारण वह हिरण को जंगल के कठिन जगत में ढूँढ़ लेता है। चूहे के दाँत पैने हैं, इसीलिए वह हिरण को आजाद कर पाता है। हिरण तेज दौड़ लेता है, इसीलिए वह कछुए की मदद करके स्वयं को बचाने में सफल होता है। कछुआ धीरे-धीरे चलता है, इसीलिए फँस जाता है। इस प्रकार सभी में एक-एक विशेषता है जो उनके नाम को चरितार्थ करने के लिए पर्याप्त है। कहानी एक ऐसी संरचना गढ़ती है जिसमें उन सबकी यही एक-एक विशेषता पर्याप्त सिद्ध हो। इस संरचना में एक भूमिका बच रहती है—एक ऐसे चरित्र की जो आसानी से इन चारों

द्वारा परास्त किया जा सके। वह स्वयं कुछ न करे, परिस्थितियों का शिकार बनने को तैयार रहे, यही अपेक्षा उसकी भूमिका में निहित है। आश्चर्य की बात है कि एक बहेलिया—जो सामान्य परिस्थितियों में दूसरों को अपना शिकार बनाता—यहाँ स्वयं शिकार बनता है। वह किसी भाव-विशेष का प्रतिनिधि नहीं है। वह सचमुच एक बहेलिया है। पर वह एक विफल बहेलिया है।

चारों मित्र-बन्धुओं का भाव-जगत यदि कहानी के सम्पूर्ण भाव-जगत में शामिल कर दें तो हम बहेलिए की भूमिका ज्यादा अच्छी तरह समझ सकेंगे। इस वृहत्तर भाव-जगत में बहेलिए का स्थान परिधि पर है। कहानी द्वारा रचे गए केन्द्र में उद्देश्यलिप्त जीव हैं। वे लगातार अपना व एक-दूसरे का हितसाधन कर रहे हैं। वे ही पंचतन्त्र का संसार हैं। इस संसार में जीवन कठिन है, वह बराबर चौकसी और रक्षा माँगता है। पर जिस रूप में यह जीवन पंचतन्त्र में चित्रित है, उसकी अपनी एक विशेषता है। यह रूप ऊपर से देखने पर चरित्रों की उद्देश्यपरक गतिविधियों की ओर ध्यान नहीं खींचता। सैकड़ों चूहे हमारी नजर से गुजरते हैं; कितनो को देखकर हमें लगता है कि ये किसी मित्र की मदद करने जा रहे हैं ? नीम पर शान्त बैठे कौए या निस्पन्द खड़े वृक्ष को देखकर कौन सोच पाता है कि वे किसी आततायी के चुपचाप गुजर जाने की प्रतीक्षा कर रहे हैं ? पंचतन्त्र के संसार में कार्य-व्यापार बराबर चलते रहते हैं, पर किसी को उनकी उद्देश्यपरकता का पता नहीं होता। बहेलिए को सपने में भी यह अन्दाज नहीं हो सकता था कि उसके मार्ग में खड़ा हिरण अपने मित्र को छुड़ाने का जुगाड़ कर रहा है। बहेलिया अपने जीवन का एक बड़ा हिस्सा जंगल में गुजारता है, जंगल से ही अपनी आजीविका कमाता है, पर जंगल में हो रहे नाटक से अनभिज्ञ है। वह जहाँ सीधे-सादे जानवर देखता है, वहाँ दरअसल एक और ही सम्बन्ध-चक्र चल रहा है। बहेलिया इस चक्र में फँस जाता है, फिर भी उससे अनभिज्ञ बना रहता है। बहेलिया वह सान है जिस पर कहानी हमें अपने दो-चार जंग खाए मूल्यों की धार घिसने का मौका देती है।

बहेलिए की दृष्टि से देखें तो ये निरीह जानवर कितने दुष्ट प्रतीत होंगे। बहेलिए के परिवार की दृष्टि से देखें तो यह दिन कितना क्रूर प्रतीत होगा। शाम को खाली हाथ लौटे पति को देखकर बहेलिए की स्त्री कितनी निराश हुई होगी। जंगल पर निर्भर इस परिवार की त्रासदी का अनुभव करने के लिए हमें उस घटना-चक्र से बाहर जाना होगा जिसे हमने कहानी का मुख्य हिस्सा माना था। इतना ही नहीं, हमें इस घटना-चक्र से 'सिद्ध' होनेवाले मूल्यों के ढाँचे से भी बाहर जाना होगा। मैत्रीभाव का पाठ सिखानेवाली यह कहानी भारत के समाज के एक उत्पीड़ित वर्ग के सदस्य का इस्तेमाल करती है। जिन्हें हम आज जन-जातियाँ कहते हैं, उनकी पीठ पर पाँव रखकर ही हमने अपने मूल्य-जगत का निर्माण किया है। यह मूल्य-जगत स्वतन्त्र और निरपेक्ष नजर आता है पर है नहीं। यदि सचमुच वे मूल्य, जिन्हें आज हम अपनी पवित्र धरोहर कहते हैं, निरपेक्षतः सत्य होते तो उनकी छाया में उतना शोषण और उत्पीड़न न हो पाता जो हमारे समाज में सदियों से हो रहा है। यह मामला ठीक उस तरह का है जैसे आज हमारे

बीच कुछ लोग मूल्यों की शिक्षा की बात कहते हैं, और उत्पीड़न से आँखें मूँद लेते हैं। पहले भी कई बार मूल्यों की स्थापना हुई, पर मूल्यों की स्वतन्त्र सत्ता तो विश्वामित्र की सृष्टि में ही सम्भव है। हमारी इस आधी-अधूरी सृष्टि में मूल्य स्वतन्त्र नहीं हो सकते। वे समाज के सम्बन्ध-चक्र से बँधे हैं। उनकी उपयोगिता तभी है जब वे हमें अपने आगे-पीछे देखने के लिए बाध्य करें, प्रेरित करें।

पंचतन्त्र की भावना इसी शर्त पर हमारी पकड़ में आ सकती है कि हम उसकी कहानियों में चित्रित घटनाओं, चरित्रों और अपने चारों ओर फैले संसार को एक कड़ी में बाँधकर देखें। पंचतन्त्र एकांकियों का संग्रह नहीं है। वह एक शृंखला है जो अच्छाई और बुराई, क्रूरता और करुणा, स्वार्थ और उदारता को पिरोए है। पंचतन्त्र में विलोम ही वास्तविकता है क्योंकि न कोई चरित्र अकेला है, न कोई मूल्य अपने आपमें महत्त्वपूर्ण है, न कोई घटना अभूतपूर्व है। पंचतन्त्र विज्ञान की तरह निर्मम है। उसमें कोई अर्थ ढूँढ़ना या अपनी भावना की परछाईं पहचानना या अपने पूर्वग्रहों की पुष्टि पाना अपनी ही सीमा या मूर्खता का प्रमाण है।

गेंद, गुड़िया, गाड़ी

आयात नीति के दरवाजे जिन तमाम चीजों को आराम से आने देने के लिए खोले गए हैं, उनमें खिलौने भी शामिल हैं। इसी उदारता का लाभ उठाकर ढाई फुट का वह चीनी पुतला यानी रोबोट भारत आया है जो चलते-चलते एकाएक रुककर पीछे घूमता है और अन्धाधुन्ध गोलियाँ दाग़ने से पहले कहता है—"मानव कुत्तो, मरो !"

खिलौनों की सभ्यता के इस चरम क्षण में संसार के प्राथमिक खिलौनों को तफसील से याद कर लेना एक प्रार्थना से कम नहीं। ये प्राथमिक खिलौने—गेंद, गुड़िया और गाड़ी—मानव मात्र की सभ्यता के उषाकाल में रचे गए। गेंद शायद सबसे पहले एक खिलौने के रूप में पहचानी गई हो; शेष दो, आज तक सिर्फ खिलौना कहलाने से सन्तुष्ट नहीं हैं। वैसे भी, गेंद का आविष्कार करना जरूरी नहीं था। माँ या पिता के हाथों बनाई गई बेडौल गेंद से कहीं पहले आदिम मानव शिशु अवश्य अपनी ही प्रेरणा से किसी तरबूज या बेल से खेल चुका होगा। लुढ़कने में निहित गेंद की आजादी और किसी चीज के पीछे छिप जाने से पैदा हुई बेचैनी का मजा लेते शिशु को देखकर ही उसके अभिभावक ने खुद एक गेंद का निर्माण करने का निश्चय किया होगा।

मिट्टी, लकड़ी और कपड़े से गेंद बनाने की कठिन कोशिश के हजारों साल बीत जाने के बाद गटापार्चा और रबड़ के आविर्भाव ने गेंद की रचना को यकायक पूर्णता दे दी। रबड़ की गेंद न केवल चिकनी और पूरी तरह गोल थी, साथ में वह उछलती भी थी। उन्नीसवीं सदी का पूर्वार्ध तमाम अन्य खेल-खिलौनों के अलावा गेंद उद्योग के लिए भी अपूर्व उपलब्धि का दौर साबित हुआ। 'इंडिया रबर' की सुन्दर, सुरक्षित गेंद ब्रितानी साम्राज्यवाद की महत्त्वाकांक्षा और उमंग का प्रतीक बन गई।

दो विश्व-युद्धों के बाद बनी दुनिया में खिलौनों की खचाखच भीड़ और चिल्ल-पों के बीच गेंद अपनी हैसियत बनाए रख सकी है, पर भारत के अर्धविकसित खिलौना उद्योग के हाथ से वह साठ के दशक के आस-पास छूटी सो छूटी। आप एक से एक चालाक खिलौने दिल्ली और कलकत्ता की दुकानों में खरीद सकते हैं, पर एक उम्दा, भरोसेमन्द गेंद नहीं खरीद सकते। गेंद के नाम पर दुकानदार आपको टेनिस या फुटबाल की गेंदें दिखाएगा। यदि आप कहेंगे कि आपको तीन-चार साल के बच्चे के लिए गेंद चाहिए तो दुकानदार प्लास्टिक की चमकीली, रंगबिरंगी गेंदों की तरफ इशारा करेगा। ये मायावी गेंदें निहायत हल्की होने के कारण मनमाने ढंग से लुढ़कती हैं और इनके

उछलने का वर्णन न ही किया जाए तो बेहतर है। जरा-सी हवा गेंद की दिशा बदल देती है। चलना सीखते बच्चे को इस गेंद से खेलता हुआ देखिए तो आप उसकी निराशा और खीझ से स्वयं भर जाएँगे और इस सवाल पर गौर करने के लिए मजबूर महसूस करेंगे कि औद्योगिक भारत कम्प्यूटर और अणुबम बना सका है तो कायदे की गेंद क्यों नहीं बना सकता जो सुडौल हो, सुरक्षित हो और सन्तुलित टप्पा खाती हो ? हमारी गेंदों में से कुछ तो टप्पा खाने में असमर्थ हैं, कुछ अप्रत्याशित ढंग से टप्पा खाती हैं, तो कुछ का हाल यह है कि जोर का टप्पा खाकर फट जाती हैं।

गुड़िया का मामला गेंद से ज्यादा जटिल है। गुड़िया कोई रेखागणितीय रचना नहीं; प्रकृति में उस जैसी चीज नहीं। वह इनसान के आत्मबोध का निचोड़ है जिसमें किसी समाज के सबसे गहरे सरोकारों के कण अनिवार्य रूप से घुले रहते हैं। गुड़िया बनाना ईश्वर से स्पर्धा माना गया है और कई सभ्यताओं में इसी कारण निषिद्ध है। कुछ जनजातियों में इस विश्वास के कारण बच्चों को गुड़िया से नहीं खेलने दिया जाता कि वह कभी भी ज़िन्दा हो जा सकती है। गुड़िया जिन्दा हो, न हो, बच्चे उसे अपनी कल्पना से जिन्दा करके ही उसके साथ खेलते हैं। वे अपने इर्द-गिर्द के जटिल संसार का अपनी जरूरतों के मुताबिक अनुवाद गुड़िया से ही कराते हैं। जिस बच्चे के पास गुड़िया न हो, ढेरों अन्य खिलौने हों, उसे एक गुड़िया खरीदकर देना कोई साधारण पुण्य नहीं है।

इस पुण्य की खातिर आप आज बाजार में घूमें तो कुछेक क्षणों के भीतर आप बार्बी के सामने खड़े होंगे। अमरीकी कम्पनी मातेल की बार्बी निश्चय ही एक बड़ा सांस्कृतिक आविष्कार है जिसकी बनावट पूँजीवाद के अर्थशास्त्र से कम जटिल नहीं है। जब हम किसी बच्चे के लिए बार्बी खरीदते हैं, तो सहज ही हम उसे डिनर सैट और निजी स्विमिंग पूल की दुनिया का सदस्य बना देते हैं। बार्बी एक सुन्दर, समकालीन गुड़िया है। मुझे उससे एक ही शिकायत है कि वह आत्मीयता की आजादी से कई गुना ज्यादा ख्वाहिशें जताती है। वह एक पढ़ी-लिखी, परिष्कृत गुड़िया है, इसीलिए दबाने पर 'आई लव यू' कहने जैसी घटिया हरकतें नहीं करती। बार्बी एक महँगी गुड़िया है जो मध्यमवर्ग की विश्वसंस्कृति का लम्बा कोर्स चन्द महीनों में करा देने का दावा करती है। बार्बी के निर्माता जानते हैं कि भारत के मचलते हुए मध्यमवर्ग में वे मैक्डॉनल्ड और कोकाकोला से ज्यादा गहरी पैठ रखते हैं।

बार्बी की पैठ एक दिन में नहीं बनी और इस पैठ को बनाए रखना अकेले बार्बी के बस की बात नहीं। वह एक सच्ची, सम्पूर्ण गुड़िया होने के साथ-ही-साथ एक मजबूत प्रतीक भी है। वह उस उजाड़ का प्रतीक है जिसे भरने के लिए हम कोई आविष्कार नहीं कर सके। मैं किसी एक आविष्कार की बात नहीं कर रहा हूँ जैसा विज्ञान की दुनिया में होता है और किसी के नाम से जुड़कर सामान्य ज्ञान की किताबों में दुबक जाता है। मैं एक मनोदशा की बात कर रहा हूँ जो बच्चों को देखकर आनेवाले कल की तस्वीर बनाती है। हमारे बच्चे सौ साल से गुलाबी खाल और सुनहले बालोंवाली गुड़िया और उसी जैसे गुड्डे से खेल रहे थे। हमारी सामाजिक संरचना में सैकड़ों रूप

मौजूद थे, और उनमें से कई रूप मिट्टी के खिलौनों की परम्परा के रास्ते गुड़िया की हैसियत भी पा चुके थे, पर हमने उन्हें टूट जाने दिया। अजित मुखर्जी ने अपनी पुस्तक 'इंडियन डॉल्स एंड टॉयस' में सही लिखा है कि पारम्परिक खिलौने भारत के ग्रामीण समाज की आत्मकथा हैं। ग्रामीण सभ्यता के तितर-बितर होते जाने के साथ ही इस आत्मकथा का समापन जरूरी हो गया था। पर हम इस आत्मकथा को एक स्मृति बना सकते थे, उसे नए माध्यमों में ढाल सकते थे। तब हमारे पास कई हजार गुड़ियाँ होतीं; बार्बी उनकी भीड़ में शामिल होती। आज वह अकेली है, मस्त दिखती है पर जब वह तरह-तरह के कपड़े और साथी चुनकर आती है तो कहीं यह भी लगता है कि उसे इस उजाड़ का पता नहीं था। वह लाचार है कि हमारे बच्चों को पूँजीवाद का बुनियादी पाठ ठीक से नहीं सिखा सकती। प्रतियोगिता नाम का यह पाठ बार्बी उस बाजार में कैसे सिखाए जो उसके पैरों पर बिछ गया है ?

बार्बी की हम कितनी ही आलोचना कर लें, पर एक गुड़िया के रूप में उसके अस्तित्व में निहित संघर्ष को नकार नहीं सकते। पीछे मुड़कर देखें। औद्योगिक खिलौनों की दुनिया जब तक चाभी के इर्द-गिर्द घूमती रही, गुड़िया की जगह बचपन में बनी रही। बैटरी के खिलौने आए; गुड़िया फिर भी रही। लेकिन इलेक्ट्रॉनिक्स पर आधारित खिलौनों, टेलीविजन और अन्ततः कम्प्यूटर-खेलों के बीच गुड़िया का अस्तित्व डगमगा गया। बार्बी एक औद्योगिक कृति है, पूँजीवाद की सतही सुख-साधना का उद्घोष है, उपभोग की संस्कृति में डूबी हुई आवाज है—उसमें वही कुछ है जो हमारे जीवन-लक्ष्यों में है। वह ठीक वही कर रही है जो गुड़िया कई सहस्राब्दियों से शैशव में करती आई है : बड़ों द्वारा रची गई दुनिया में बच्चे की कल्पना और संजीवनी का समाजीकरण। बार्बी ऐसा क्या करती है जो हम सब नहीं कर रहे ? उसकी जीवन-शैली, आकांक्षाएँ, चिन्ताएँ बुर्जुआ हैं। वह फास्ट-फूड खाती है, उसे नई-नई चीजें खरीदने का शौक है, वह फैशन में जीना चाहती है, सुख और समृद्धि की उसकी सारी कल्पनाएँ ठंडे देशों की हैं—इनमें से कौन-सी बात है जो आज एक आम मध्यमवर्गीय गृहस्थ और खुद भारतीय राज्य पर लागू नहीं होती ? बार्बी से लड़ना है तो सिर्फ बार्बी से लड़ने से काम नहीं चलेगा। वह तो एक प्रतीक-भर है। आप उस प्रतीक को तोड़ना चाहते हैं तो खुद से लड़िए और अपने बच्चे को एक गुड़िया अपने हाथों से सिलकर दीजिए।

कुछ वर्ष पूर्व मेरी मुलाकात नीरमणि साहू से हुई थी। क्राफ्ट्स म्यूजियम की मासिक प्रदर्शनी में नारियल के बालों से बने उनके खिलौनों की सजावट अपने आप ध्यान खींचती थी। एक-एक रेशे को अलग करके, फिर गूँथकर बनाए गए आकारों में गुड़िया भी थी, मगरमच्छ और साँप भी थे। जूठन और बर्बादी के इस युग में किफायत और सँभाल के जरिए निखारी गई वह दुनिया ही अलग थी--इतनी अलग थी, कि उसे एक सम्भावना मानना भी नामुमकिन था। दरअसल वह एक स्मृति थी जिसमें हाथ से बनाई गई गुड़ियों और जानवरों का आकर्षण सुरक्षित था। व्यापार मेला हर साल लगता है, उसमें खिलौनों का एक चीखता, रंगीन विभाग होता है, पर हाथ से बने खिलौनों

के लम्बे इतिहास को सजीव करनेवाला कोई कोना नहीं होता। कुछ वर्ष पहले तक कपड़े के भरवाँ जानवरों में से दो-चार में कुटीर शैली का अन्दाज रहता था। अब यह उत्पादन पूरी तरह मशीनी हो चुका है। जिस कपड़े से जानवर बनते हैं, उसे छूकर कोमलता या आत्मीयता का नहीं, चिकनी रगड़ का अहसास होता है क्योंकि कपड़ा पूरी तरह सिन्थेटिक होता है। पर सबसे बड़ा परिवर्तन यह है कि जानवरों की आकृतियाँ भी आयात की जा रही हैं। हाथी हैं तो उनके कान देखकर मालूम हो जाता है कि अफ्रीका के हैं, बन्दर भी अफ्रीका के हैं, कुत्ते और भालू उत्तरी यूरोप के हैं, शेष ज्यादातर जानवर डिज़्नी के चित्रकथालोक के हैं। बैल, भैंस, बकरी, ऊँट, कुत्ते, गधे, घोड़े—यानी वे तमाम पशु जिन्हें बच्चा अपने आस-पास देखेगा—नदारद हैं। यह असंगत विकास उदारीकरण के पहले शुरू हो चुका था, अब ताबड़तोड़ फैल रहा है।

नए, चमकीले भरवाँ खिलौने मकान का नया वास्तुशास्त्र लेकर आए हैं। वैसे यह वास्तुशास्त्र इतना नया भी नहीं है, आफ़िस निर्माण में पहले से प्रचलित था; अब घर निर्माण में लोकप्रियता पा रहा है। इस वास्तुशास्त्र का नियम है कि प्राकृतिक रोशनी और हवा मत आने दो। कमरा पहले सील कर दो, फिर उसमें ट्यूबलाइटें और एयर कंडीशनर लगाओ। सरकारी भवनों में यह शैली सत्तर के दशक में लागू हो चुकी थी। अब वह मध्यमवर्ग के घरेलू सपनों का आकार ले चुकी है। मोटे-मोटे भरवाँ खिलौने बच्चों की कल्पना को इन्हीं सपनों में दीक्षित करते हैं। सपने का मूल आम लोगों की दुनिया से कटने का सुख है। इस सुख का भौतिक अनुवाद ठंडे देशों की जीवन-शैली करती है। भारत जैसे गर्म देश में वह शैली एयर कंडीशनर लगाए बगैर नहीं जी जा सकती।

गेंद हो या गुड़िया, खिलौना उद्योग की दरिद्रता की तह में समाई समस्या यही है कि शारीरिक या भौतिक सुख की कल्पना भी हम मौलिक रूप से नहीं कर सके। उधार ली हुई कल्पना हमें कदम-कदम पर दिक्कतें पेश करती है, पर हम विवश हैं। अपने बच्चों के लिए आज से बेहतर दुनिया बनाने के हमारे सारे इन्तजाम पर औपनिवेशिक इतिहास की छाप साफ नजर आती है। उस इतिहास ने हमें सिखाया कि जिन्दगी का मजा लेना हो तो यूरोप और अमरीका जाओ या एक नन्हा-सा यूरोपीय कोना अपने घर में बनाओ। अखबारों के रविवारीय परिशिष्टों में ऐसे लेख छपते ही रहते हैं जिनमें बच्चे के लिए ऐसा कोना बनाने का सरल नुस्खा दिया रहता है—भरवाँ भालू (अमरीकी राष्ट्रपति रूज़वेल्ट की स्मृति में पुकारा जानेवाला 'टेडी') बिठाओ।

गुड़िया की चर्चा हमें जानवरों और वास्तु तक ले गई, इसी तरह अब गाड़ी का जिक्र तोपों और मिसाइलों तक ले जाएगा। यह शायद व्यर्थ का प्रश्न है कि बच्चों ने पहली गाड़ी किस देश में बनाई होगी। इतना भी निश्चित नहीं कहा जा सकता कि घसीटने के लिए गाड़ी पहले-पहल तभी बनी होगी जब पहिए का आविष्कार हो चुका होगा। बिना पहिए के पटरे पर छोटे भाई या बहन को बिठाकर घसीटने का आनन्द बचपन के प्राचीनतम इतिहास को आज से जोड़ता है। उतना ही भरोसेमन्द आनन्द

किसी चीज में धागा बाँधकर उसे अकेले खींचने में आता है। उस चीज में पहिए लगे हों तो आनन्द कुछ सुविधाजनक बन जाता है, पर उसका स्वभाव वही रहता है। यह संसार को अपने ढंग से रचने का आनन्द है। बचपन में यह आनन्द जीवन की एक अनिवार्य शर्त पूरी करता है। यदि संसार ही हमें चलाता रहे, हम संसार को थोड़ा भी न चला सकें तो जीवन ही क्या रहा ?

खिलौना उद्योग आज हजारों तरह की गाड़ियाँ बनाता है, पर यह बात बहुत कम निर्माता और माता-पिता जानते हैं कि गाड़ी से खेलने का सबसे गहरा सुख बच्चों को तभी मिलता है जब वह खुद न चलती हो। चाभी या बिजली से चलनेवाली गाड़ी हैरान या चमत्कृत कर सकती है, लम्बे समय तक मजा नहीं दे सकती। पीतल के पहिए लगे घोड़े और रथ आज भी बिकते हैं, यद्यपि गाँव के बच्चों की आर्थिक पहुँच से बाहर हो गए हैं। हाथ से पकड़कर रवाना की जानेवाली छोटी, मजबूत कारें बेहद लोकप्रिय हुईं, भले ही अब उन्हें बनानेवाली कम्पनी ने खिलौना निर्माण छोड़ देने की घोषणा की है। ब्लोप्लास्ट नामक यह कम्पनी 'लियो' खिलौने बनाती थी। अनेक भारतीय निर्माताओं की तरह उसे भी चीनी खिलौनों की बाढ़ ने डगमगा दिया है। चीनी खिलौने भारत की नई बाजार नीति का फायदा उठाकर घुसे हैं। उनकी कीमत ही उनकी ताकत है। हमारे पास न ऐसी कम्पनियाँ हैं, न संस्थाएँ जो इस नई स्थिति का सामना करने में आर्थिक रूप से सक्षम हों। कल्पनाशीलता का भी टोटा है, भले ही कुटीर उद्योग के तौर पर बनाए जानेवाले पारम्परिक खिलौनों में आज भी बहुत जान है। स्वचालित गाड़ियों की भीड़ के बीच स्वीडन की ब्रियो कम्पनी लकड़ी की रेलगाड़ी की रक्षा कर सकी है, पर मुझे इस बात में सन्देह है कि पेट में घूमती हुई गेंद लेकर पहियों पर चलनेवाली लकड़ी की मछली की रक्षा हमारी खिलौना नीति बहुत समय तक करती रह सकेगी। यह विलक्षण मछली मैंने पहली बार कनॉट प्लेस के केन्द्रीय कुटीर उद्योग इम्पोरियम में देखी थी। कई वर्ष बाद मैसूर की एक छोटी कम्पनी ने इस मछली का डिजाइन कुछ बदलकर बनाया। चार साल पहले व्यापार मेले में इस कम्पनी की दुकान पर खड़े प्रतिनिधि ने मुझे बताया था कि उनकी ज्यादातर मछलियाँ निर्यात हो रही हैं।

यह कोई अलग बात नहीं है। हम अपना सर्वोत्कृष्ट—वह चावल हो, फल हो या खिलौना—निर्यात कर रहे हैं, और कूड़ा-कबाड़ आयात कर रहे हैं। आयात में सिर्फ बना-बनाया सामान ही नहीं होता, उसके रूप के पीछे छिपी बुद्धि और कल्पना भी आयात में शामिल रहती है। असली मुद्दा डिजाइन का है, उसकी परख का है। आज जिस शहरी प्रभुवर्ग के हाथों में समाज का सांस्कृतिक नेतृत्व है, उसकी परख पर दर्जनों दबाव हैं। ऐसे संस्थायी इन्तजाम भी नहीं हैं जो खिलौना जैसी नाचीज मानी जानेवाली निधि को धीरज से सँभालने-रखने का काम सम्भव बनाते हों। इसीलिए गेंद जैसी बुनियादी जरूरत भी हम मन से पूरी नहीं कर पा रहे और गाड़ी के मामले में भी हम कोई दिशा तय नहीं कर पा रहे। बस एक ही प्रवृत्ति साफ दिखती है—गाड़ी अब युद्ध के लिए रह गई है।

पहिएवाले खिलौनों में सामरिक वाहनों की संख्या साठ के दशक से ही बढ़ने लगी थी। दस साल की अवधि में तीन युद्ध झेल चुका देश बच्चों को टैंक और विमानभेदी तोपों से खिलाए तो इसमें आश्चर्य कैसा ? पर एक बार सामरिक खिलौने बनने शुरू हुए तो पूरे उद्योग पर छा गए। बैटरी से चलने और आवाज करनेवाले सामरिक वाहनों का स्थान आज इलेक्ट्रोनिक्स का उपयोग करनेवाले वाहन ले चुके हैं। इन नए खिलौनों में रंग, रोशनी, आवाज, गति—हरेक आयाम हिंसक शक्ति की पल-पल की जानेवाली गर्जना है। बच्चे इनसे अघा नहीं सकते, क्योंकि हिंसा अपनी भूख खुद बढ़ाती चलती है। पिछले नवम्बर के व्यापार मेले में मैंने अट्ठाईस तरह की बन्दूकें देखी थीं। अब की बार तीन-चार ज्यादा ही आएँगी।

तेज-तर्रार खिलौनों के बीच खड़े होकर यह याद रखना कठिन है कि बच्चे और खिलाने की सक्रियता के बीच विलोम का रिश्ता है। अर्थात् खिलौना खुद जितना चमत्कारी और पराक्रमी होगा, उससे खेलनेवाला बच्चा उतना ही निष्क्रिय महसूस करेगा। खिलौना खुद ही सब कुछ करने में समर्थ हो तो बच्चे के लिए करने को रह ही क्या जाता है ? कल्पना करने के लिए और भी कम रह जाता है। विस्फारित आँखों से देखना या किसी और को दिखाना ही शेष रहता है। उधर खुद चुपचाप रहनेवाला खिलौना बच्चे को सक्रिय बनाता है। उसमें गति, आवाज, एक समूचा जीवन बच्चे को अपनी कल्पना से भरना होता है। बच्चे ऐसे खिलौनों से बात करते हैं, उन्हें हर जगह साथ ले जाते हैं, उनके साथ सोते हैं। इन शान्त खिलौनों का जादू कभी नहीं बोलता, बच्चे के व्यक्तित्व में घुल-मिल जाता है। खिलौना उद्योग के सामने इस बात की चुनौती है कि माइक्रोचिप की हर ताकत के रहते वे चुप रहनेवाला खिलौना कैसे बनाएँ। यह चुनौती सिर्फ भारत के बौने खिलौना उद्योग के सामने नहीं है, विश्व-भर के खिलौना उद्योग के सामने भी है। टेक्नोलॉजी का विकास यहाँ तक हो चुका है कि खिलौना किसी जीवित प्राणी की तरह उगे, कद में बड़ा हो, साथी जैसा बर्ताव करे। ऐसी अद्भुत सृष्टि के सामने बच्चा क्या करे, समस्या यही है।

सफर में हैसियत

दिल्ली में काम करनेवाली एक उड़िया नौकरानी के साथ कुछ दिन पूर्व हुई घटना ने रेल व्यवस्था के समाजशास्त्र को एकाएक उजागर कर दिया। ऐसी घटनाएँ कभी-कभार ही प्रकाश में आ पाती हैं जो सामाजिक परिस्थितियों में निहित तार्किक सम्भावनाओं को सटीक ढंग से मूर्तिमान कर देती हों। छोटे-छोटे व्यक्तिगत सन्दर्भों में ऐसी घटनाएँ लगातार होती रहती हैं, लेकिन प्रकाश में नहीं आ पातीं। पिछले दस-पन्द्रह सालों से रेलगाड़ी का सामाजिक चरित्र जिस आकृति में ढलता रहा है उसे उजागर करनेवाले अनुभव रेलयात्रियों को होते ही रहते हैं। ये अनुभव क्षणिक होते हैं और उनसे मिलनेवाली समझ भी ज्यादा देर नहीं टिक पाती। उड़िया नौकरानी के साथ हुई घटना का महत्त्व यही है कि उससे मिलनेवाली समझ कुछ टिकाऊ साबित हो सकती है।

भानुमती नाम की एक स्त्री पिछले माह पुरुषोत्तम एक्सप्रेस पर चढ़कर भुवनेश्वर से दिल्ली आ रही थी। उसके नाम पर गाड़ी में एक बर्थ आरक्षित थी। गाड़ी चलने के कोई डेढ़ घंटे बाद टीटी ने उसे जगाया और टिकट माँगा। 'टाइम्स ऑफ इंडिया' में छपी रपट के अनुसार टीटी ने यह मानने से साफ इनकार कर दिया कि भानुमती का टिकट उसी का है। शेष कथा बहुत ही विकल करनेवाली है। टीटी ने भानुमती का टिकट छीन लिया और यह कहते हुए कि ऐसी औरतों से वह रोज पेश आता है, उसे गाड़ी से उतारने की कोशिश की। अन्य सवारियों के बीच-बचाव के बाद वह भानुमती को डिब्बे के एक कोने में बैठी रहने देने के लिए राजी हुआ और भानुमती की बर्थ उसने किसी और को दे दी। अगले तीस घंटे कोने में बैठकर काटने के बाद भानुमती दिल्ली पहुँची और अपनी दास्तान स्टेशन से उसे लेने आए मालिक को सुनाई तो मालिक ने शिकायत दर्ज कराना चाही। शिकायत दर्ज कराना बहुत ही कठिन साबित हुआ, क्योंकि रेलवे के कायदे के अनुसार शिकायत टिकट नम्बर के साथ लिखी जाती है और इस मामले में टिकट छीना जा चुका था। दरअसल, शिकायत थी ही यही कि टिकट छीना गया है।

यह बात महत्त्वपूर्ण नहीं है कि भानुमती के साथ की गई ज्यादती की शिकायत, जिसे दर्ज करा लेने में उसका मालिक कामयाब हो गया है, कहाँ तक पहुँचती है। महत्त्वपूर्ण यह है कि भानुमती एक वैध टिकट के होते हुए आरक्षित डिब्बे में सम्मानपूर्वक यात्रा नहीं कर सकी। महत्त्वपूर्ण यह भी है कि भानुमती की कहानी लिखते हुए हमें

'नौकरानी' और 'मालिक' जैसे शब्दों का प्रयोग करना पड़ रहा है। यदि मालिक उसी डिब्बे में सफर कर रहा होता, तो वह निश्चय ही टीटी को इस बात के लिए आश्वस्त करने में सफल हो जाता कि भानुमती का आरक्षित टिकट उसी का है, जाली नहीं है। अखबार के अनुसार टीटी को यह विश्वास इसलिए नहीं हुआ क्योंकि भानुमती की साड़ी और चाल-ढाल उसके ग्रामीण होने का संकेत देती थी। भानुमती केवल उड़िया बोलती है, शायद इस बात ने भी टीटी की अभद्रता को प्रोत्साहित किया। टीटी यह मानता रहा होगा कि भानुमती जैसे यात्री को साधारण डिब्बे में सफर करना चाहिए, आरक्षित डिब्बे में नहीं, आरक्षित डिब्बे में सफर करनेवालों का नाम पहले दर्ज होता है, यानी उनकी एक हैसियत होती है। इसके विपरीत सामान्य डिब्बे में सफर करनेवाले लोगों के नामों से रेलवे को कोई मतलब नहीं होता। जब नाम से कोई वास्ता नहीं, तो वेशभूषा और भाषा से क्यों हो ? इसके विपरीत आरक्षित डिब्बे के यात्री का समुच्चय नाम, वेशभूषा, चाल-ढाल और भाषा को जोड़कर बनता है।

आरक्षित डिब्बे, जिसे रेलवे की शब्दावली में शयनयान या स्लीपर कहा जाता है, की स्थिति आज के सामाजिक सन्दर्भ में कुछ वैसी हो चुकी है जैसी गाँधीजी की युवावस्था में दक्षिण अफ्रीका की रेलों में प्रथम श्रेणी के डिब्बे की थी। उस डिब्बे में सफर करने के लिए वेशभूषा, भाषा और नाम के अलावा चमड़ी के रंग का भी महत्त्व था। इसलिए गाँधीजी को सामान सहित डिब्बे से बाहर फेंक दिया गया था। आज की भारतीय रेल के आरक्षित डिब्बे का वर्गीय चरित्र दक्षिण अफ्रीका के तत्कालीन गोरे समाज की तर्ज पर उभर रहा है। वेशभूषा और भाषा जैसे पहलू सूक्ष्म होते हैं। पहले पैसे जैसे स्थूल पहलू पर विचार करें। एक आरक्षित बर्थ पर उपलब्ध जगह पर साधारण डिब्बे में चार-पाँच व्यक्ति बैठते हैं। इस दृष्टि से या तो बर्थ का किराया सामान्य किराए से चार या पाँच गुना होना चाहिए या फिर सामान्य किराया एक आरक्षित बर्थ यानी स्लीपर के किराए से चार-पाँच गुना कम होना चाहिए। यह तुलना भी दरअसल, बहुत उदार है, क्योंकि आरक्षित बर्थ गद्देदार होती है, जबकि साधारण डिब्बे की सीट सख्त लकड़ी की बनी होती है, ठीक वैसी जैसी ईस्ट इंडिया कम्पनी के समय में थी और आज भी नई दिल्ली के रेलवे म्यूजियम में देखी जा सकती है। आरक्षित बर्थ की कीमत साधारण द्वितीय श्रेणी किराए से केवल 25 प्रतिशत अधिक रखी गई है। दोनों का फर्क पहले और भी कम था। जब यह फर्क 25 प्रतिशत किया गया, तो अखबारों और नेताओं ने काफी हाय-तौबा मचाई थी।

पुरुषोत्तम एक्सप्रेस के टीटी ने यदि भानुमती को आरक्षित डिब्बे में सफर करने लायक नहीं पाया, तो इसका कारण ढूँढ़ना कठिन नहीं है। टीटी की निगाह इस डिब्बे में शहरी मध्यमवर्ग से जुड़ी वेशभूषा और चाल-ढाल देखने की अभ्यस्त हो चुकी होगी। आरक्षित डिब्बों के बाहर चिपकी सूचियों पर कभी गौर करें तो आप पाएँगे कि इनमें शामिल नाम प्रायः ऊँची जातियों के होते हैं। ऐसे नामों में दूसरा शब्द प्रायः जातिसूचक होता है। चेहरे-मोहरे और वेशभूषा की दृष्टि से आरक्षित डिब्बों में सफर करनेवाले लोग

सरकार या कम्पनी के नौकर या फिर स्वतन्त्र व्यापारी नजर आते हैं। शिक्षा की जादुई छड़ी से छुए जाने के निशान सबके बदन और कपड़ों पर होते हैं। इन निशानों को पहचान कर आप इत्मीनान से कह सकते हैं कि ये सारे लोग बी.ए. या हायर सेकंडरी पास भले न हों, फेल जरूर होंगे–यानी इनमें ऐसा कोई न होगा जो स्कूल या कॉलेज भेजा ही न गया हो। इसीलिए आरक्षित डिब्बे में टीटी से बोलने के लिए दो भाषाएँ तय हो गई हैं–अंग्रेजी या फिर हिन्दी। सिर्फ तमिल या उड़िया बोलनेवाले का अशिक्षित और इस नाते गँवार, पिछड़ा आदि माना जाना तय है, भले उसने शहरी पोशाक पहन रखी हो। डिब्बे में सफर करना तो बड़ी बात है, मैंने एक बार आरक्षण की खिड़की पर एक आदमी को अन्दर बैठे रेलवे कर्मचारी द्वारा इस कारण अपमानित होते हुए भी देखा था कि वह सिर्फ बाँगला ठीक से बोल सकता था।

आरक्षित द्वितीय श्रेणी शहरी मध्यमवर्ग के वर्चस्व का प्रतीक बन चुकी है। इस डिब्बे में सफर करनेवालों की संस्कृति देश-भर में एक जैसी दिखाई देती है। जो व्यक्ति इस संस्कृति से मेल नहीं खाता, उसे साधिकार वहाँ से खदेड़ दिया जाता है। आरक्षित डिब्बे में लोगों की विरलता देखकर छोटी दूरी का सफर करनेवाले लोग दिन में भीतर आ जाते थे। उन पर अब पचास रुपए जुर्माना लगाए जाने का प्रावधान हो चुका है। इस नियम की घोषणा के समय रेल मन्त्री द्वारा किया गया वायदा कि साधारण डिब्बों की संख्या बढ़ाई जाएगी, भुलाया जा चुका है। कम खर्च पर अधिकतम सुविधाएँ यानी राज्य कोष की सब्सिडी का लाभ लेनेवाला शिक्षित मध्यमवर्ग अपने डिब्बे में पहले से ज्यादा सुरक्षित होकर खुश है। वातानुकूलित डिब्बों या हवाई जहाज में यात्रा करनेवालों के मुकाबले उसे उपलब्ध सुविधाएँ दोयम दर्जे की हैं। इस बात से मध्यमवर्ग न परेशान होता है, न निराश, क्योंकि वह अपने से ऊपर बैठे वर्ग को हिकारत नहीं, हसरत की निगाह से देखता है। मध्यमवर्ग में जन्म लेनेवाले का समाजीकरण इस बात की दीक्षा काफी गहराई से देता है कि जो चीज पैसे से पाई जा सकती है, उसे प्राप्त करने के लिए पैसा कमाओ, चाहे जैसे कमाओ। लेकिन यही समाजीकरण गरीब और ग्रामीण समाज के प्रति यह दृष्टिकोण भी विकसित करता है कि ये लोग पैसा भले कमा लें, सभ्य नहीं बन सकते। इसी दृष्टिकोण के कारण भानुमती के पास आरक्षित बर्थ के टिकट का होना टीटी को मंजूर नहीं हुआ। आशय यह है कि मध्यमवर्ग अपने से ऊपर स्थित वर्ग को उस नजरिए से देखता है जिसे पूँजीवादी सन्दर्भों में उदारपन्थी और आधुनिक कहा जाता है, पर अपने से नीचे स्थित वर्गों को सामन्ती नजरिए से देखता है।

औपनिवेशिक युग में जनमे शहरी मध्यमवर्ग की शुरू से यह समस्या रही है कि वह गरीबी और उत्पीड़न के महासागर के बीच अपनी सुविधा और सुरक्षा का इन्तजाम किस तरह करे। खासकर सड़क पर या सफर में उसे अपनी हैसियत की खबर देने में काफी दिक्कत होती है। सफर चीज ही ऐसी है कि वह वंश, जायदाद या सम्पर्कों से मिली हैसियत को ढोना कठिन बना देती है। यात्रा में मनुष्य अकेला ही रहता है।

खासकर वे, जिन्हें अपनी विशेष पहचान और सुविधाओं की आदत पड़ चुकी हो, यात्रा में कुछ ज्यादा ही नंगे और अरक्षित महसूस करते हैं। औपनिवेशिक युग का छोटा-मोटा सरकारी अधिकारी भी अपने साथ चपरासी को लेकर दौरा करता था, ताकि लोगों को उसकी हैसियत बतानेवाला कोई हो। यह परम्परा आज तक चली आ रही है। विषमता के गहराने के साथ-साथ अपनी दुनिया अलग कर लेने की जरूरत बढ़ती गई है। फर्क इतना है कि शख्सीयत का दावा करनेवालों की संख्या भी बढ़ी है। वे आज अलग कॉलोनियों में रहते हैं, अलग डिब्बों में सफर करते हैं—यहाँ तक कि कई गाड़ियाँ सिर्फ उन्हीं के लिए चला दी गई हैं। इन गाड़ियों में कोई भानुमती अपने मालिक द्वारा खरीद कर दिए गए टिकट के सहारे चढ़ भी जाए, तो यह जरूरी नहीं कि वह अपना सफर पूरा कर सकेगी। नए भारत ने उसे पहचान-पत्र भले दे दिया हो, पहचान उसके पास आज भी नहीं है।

वसन्त को बलि चाहिए

वसन्त का भविष्य बेहद धूमिल है। जो समाज अपनी स्वतन्त्रता का क्रमशः खोता जाना नहीं देख पा रहा है, वह वसन्त का विलोपन देख सकेगा, इसमें मुझे भारी सन्देह है। फिर स्वतन्त्रता तो वसन्त की तरह की कोई सूक्ष्म चीज नहीं है। साल-भर प्रतिदिन घट रही सैकड़ों घटनाएँ दिखा रही हैं कि हमारा देश फिर एक उपनिवेश बनने जा रहा है, फिर भी किसी को इस बात की सूचना पाने की फुर्सत नहीं है। बात के सबूत ढूँढ़ने की भी जरूरत नहीं क्योंकि वे रेडियो और टी.वी. पर रोज कई बार सुनाए जाते हैं, बस शीर्षक देते समय उन्हें प्रगति के प्रतीक कहकर इंगित किया जाता है। इतने से ही लोग मान जाते हैं कि हमारा देश एक नई तरह का उपनिवेश नहीं, विदेशी निवेश का तीर्थ बनने जा रहा है। जिस पढ़े-लिखे समाज को बरगलाना इतना आसान हो, जो इतने बड़े पैमाने पर होते हुए परिवर्तनों को आँख मीचे होते देख रहा हो, वह वसन्त की अनुपस्थिति से जरा भी परेशान क्यों होगा, बल्कि यह जान भी कैसे पाएगा कि वसन्त अब नहीं आता ?

अव्वल तो वसन्त को आने की जगह चाहिए। जो जगहें वसन्त के आने की खबर देती थीं, वे उजाड़ में तब्दील होती जा रही हैं और वसन्त के बारे में इतना तो हमें मालूम ही है कि वह उजाड़ में नहीं आता। वसन्त के लायक जगहों को सिलसिलेवार नष्ट करना ही जैसे हमारे नेताओं, योजनाकारों और योजना को जमीन पर उतारनेवाले ठेकेदारों का स्वभाव बन गया है, धर्म तो दो-तीन दशक पहले बन चुका था। देश के हर हिस्से में एक के बाद एक उजाड़ रचा जा रहा है, ठीक उस शैली में जिसमें डिज़्नी कॉमिक्स के पात्र एक नया हरा-भरा टापू ढूँढ़कर, उस पर अपने बर्बर प्रमोद की हिंसा बरसाकर अगले टापू की तलाश में निकल पड़ते हैं। बेलाडीला, सिंगरौली, अरावली की श्रेणियाँ और मसूरी की चूना खदानें कब की उजड़ चुकीं। अब छोटे-छोटे, छिपे, दुर्गम भूखंडों की बारी है। उनके आस-पास एस.टी.डी. लग चुका ताकि न्यूयार्क का व्यापारी सीधे बता सके कि उसे पत्थर का कितना चूरन चाहिए। पड़ोस में कहीं हवाई पट्टी भी बन चुकी है ताकि मैनेजरों की टीम को जीप के धक्के न खाने पड़ें। बस, अब कुल्हाड़ा चलने में कसर क्यों हो ? साल, सागवान, शीशम, अमलतास, सेमल, कचनार—सब तैयार हो जाओ कटने को। वे गिरेंगे और उस एकान्त में कोई उनके गिरने की आवाज भी नहीं सुनेगा। यह घटना लाखों वर्ग किलोमीटर क्षेत्र में घट चुकी और कोई पत्रकार

आस-पास नहीं था। दरिन्दे जमीन को यूँ छोड़ गए जैसे बलात्कारी गरीब औरत को छोड़ जाते हैं।

वसन्त उस जमीन पर आकर क्या करेगा ? ललितपुर से चन्देरी के बीच उत्तर प्रदेश की सबसे बड़ी सिंचाई योजना का मंच है राजघाट बाँध, जो पिछले पच्चीस-तीस वर्ष से निर्माणाधीनता की उस अवस्था में है जिसे इंजीनियर, ठेकेदार और नेता सभी स्वास्थ्यवर्धक पाते हैं। बेतवा की घाटी को आकार देनेवाली चट्टानों पर खड़े जंगल तो पहले हल्ले में कटकर बिक-बिका गए, आजकल पत्थरों की बारी है। किसी को इधर से हुमसाया, किसी को उधर से, कहीं डायनामाइट लगाया तो कहीं मजदूरों से ही काम चलाया। गड्ढों की इस अनन्त नुमाइश में वसन्त की हवा भी अब नहीं आती। संक्रान्ति गुजरी और ग्रीष्म शुरू हो जाता है। हुआ करे वसन्त पंचमी पंडितों की बला से।

राजघाट बाँध के पास बेतवा के किनारे खड़े होकर यह कल्पना करना कठिन है कि यहाँ वसन्त अभी तीस वर्ष पहले तक नियमपूर्वक आता था। वसन्त अब इस जनविरल धरती से उतना ही विमुख हो चुका जितना दिल्ली में शाहदरा और खुद वसन्त कुंज से। किसी-किसी ठेले पर रसभरी के ढेर देखकर दिल्लीवासी अन्दाज़ लगा लेते हैं कि यू.पी. में वसन्त आ चुका होगा। उनके बच्चे रसभरी को 'रैस्पबैरी' कहने लगे हैं, क्योंकि रैस्पबैरी का जिक्र उन्होंने अमरीकी टीवी के कार्यक्रमों में सुना है। यूरोप और उत्तरी अमरीका के पथरीले इलाकों में फलनेवाली रैस्पबैरी गर्मी में फलती है। उसके आयात का लाइसेंस मिलने-भर की कसर है, फिर रसभरी की सुध और पहचान किसे होगी। वैसे आइसक्रीम की शक्ल में रैस्पबैरी अब भारत आ चुकी है। अमरीकी आइसक्रीम कम्पनी बास्किन एंड रॉबिन का भारत में अपनी दुकानें खोलने का सिलसिला बंगलौर से शुरू हो चुका है। इस दुकान में एक डालर से कम कीमत में कुछ नहीं मिलता। वैसे बास्किन एंड रॉबिन का किस्सा यूँ मशहूर है कि वहाँ 31 तरह की आइसक्रीम मिलती है पर स्वाद एक होता है।

रसभरी से रैस्पबैरी की यात्रा अंग्रेजी शिक्षा पानेवाली पीढ़ी के लिए कुछ ज्यादा ही छोटी है तो इसलिए क्योंकि इन बच्चों को वसन्त का परिचय 'स्प्रिंग' के रूप में ही मिला है। बर्फ का पिघलना, घास का हरा हो जाना और डैफोडिल्स का खिल पड़ना स्प्रिंग के आने से जुड़ी घटनाओं के रूप में ये बच्चे खूब पहचानते हैं। ये बातें बेगूसराय में उतने ही उत्साह से याद कराई जाती हैं जितनी टीकमगढ़ में, जहाँ के अभिजन बच्चों के लिए खुले सबसे नए स्कूल का नाम ही डैफोडिल्स है। इन बच्चों को सेमल और गुलमोहर से क्या लेना ? लेकिन मामला अंग्रेजी शिक्षा पानेवालों तक ही सीमित होता तो वसन्त का संकट इतना व्यापक न होता। बात यह है कि जिस किसी ने शिक्षा पाई है—कैसी ही शिक्षा क्यों न हो वह, अंग्रेजी स्कूल की या गँवई स्कूल की—वह वसन्त से बेगाना हुए बगैर नहीं रह सका। और यह निर्मम चक्र आज-कल में शुरू नहीं हुआ, मैं डेढ़ सौ वर्षों की बात कह रहा हूँ। जिसे हम आधुनिक शिक्षा कहते हैं, उसके और वसन्त के बीच एक मोटी, निर्दय दरार है। इस दरार में साल-दर-साल गिरे बिना पिछली

डेढ़ सदी में कोई शिक्षित नहीं हुआ।

यह दरार है परीक्षा की। फरवरी आने को होती है तो एक खास तरह की बेचैनी शुरू हो जाती है जिसे समझने के लिए दक्षिण एशिया में जन्म लेना आवश्यक है। जैसे-जैसे जाड़े की रही-सही पकड़ घटती है, वैसे-वैसे भारतीय किशोर और युवजनों के चित्त पर इस बेचैनी की जकड़ बढ़ती जाती है। फिर शुरू होती हैं मार्च की कातिलाना सुबहें जब सर भारी-भारी लगता है, चेहरे पर थकान की झिल्ली लाख धोने से नहीं जाती और माँ-बाप, बड़े भाई-बहन के चेहरे लगातार घूरते नजर आते हैं। पलाश की आग दहकने को होती है, माधवी लता पर भौंरे चिपक से जाते हैं, पर स्कूल-कॉलेज के दालानों में मुर्दनी छाई होती है। तमाम लड़के-लड़कियाँ सर झुकाए एक बूटधारी निरीक्षक की निगाहों की सन्देही छाया में पन्ना-दर-पन्ना कलम घसीटते जाते हैं। उनके दिमाग कोर्स के कबाड़ में तथ्य बीनते-बीनते छलनी हो चुके होते हैं। किसी भाव या भावना की हल्की सी लहर भी बर्दाश्त करने लायक चैन उनके जेहन में नहीं होता। खिड़कियों के बाहर बहती वसन्ती हवा इन युवजनों के लिए एक अदृश्य अप्रासंगिकता से ज्यादा कोई अहमियत नहीं रखती।

जिस समाज में वसन्त को युवावस्था से दूर रखने का ऐसा पुख्ता इन्तजाम हो जैसा कि हमारा सालाना इम्तहान है, वहाँ वसन्त के लिए जगह बनाने की लड़ाई कौन चलाए ? वसन्त को ऋतुराज कहा गया है, पर दरअसल वह जीवन के वार्षिक चक्र का बाल्यकाल होता है। नए पत्ते फूटते हैं, कई पौधों में फूल आने का वक्त होता है, कई वृक्षों में पत्ते सिर्फ इसलिए गिरते जान पड़ते हैं जिससे फूल पूरी शान से खिल सकें। वनस्पति जगत में जिन्दगी के स्रोतों के एक बार फिर मथे जाने और जोश से आविष्ट हो उठने का नाम ही वसन्त है। हमें यदि इस विराट प्रक्रिया में अपने समाज की तमाम युवा आबादी को शामिल करना है तो हमें औपनिवेशिक युग से चली आ रही परीक्षा और उस पर टिकी शिक्षा से टकराना होगा। वसन्त की यही माँग है। वह वन का देवता है। हमने वनों को काट डाला। अब यदि हम वसन्त को वापस लाना चाहते हैं तो कोई-न-कोई बलि देनी होगी। परीक्षा की निर्जीव धुरी पर घूमती शिक्षा की बलि ही वसन्त को सन्तोष दे सकती है। इतना हम मानकर चल सकते हैं कि भारतीय शिक्षा की बलि चढ़ाए जाने से सरस्वती को कोई ऐतराज नहीं होगा।

द्रौपदी के होंठ

मुहावरों और कहावतों की तरह पहेलियाँ भी लोकमन के उस अन्तस्तल से उपजती हैं जहाँ अनुभव और चाह, अक्ल और पूर्वग्रह हिल-मिल कर रहते हैं। 'कटोरे में कटोरा, बेटा बाप से भी गोरा' वाली पहेली में खुले रंग की हैसियत दर्ज है। एक लोकप्रिय फिल्मी गीत बन चुकी यह पहेली गहनों से सजी, मर्यादाओं में खुद को समेटे रहनेवाली स्त्री का पक्ष लेती है–

हरी थी मन भरी थी, लाख मोती जड़ी थी।
राजाजी के बाग में, दुशाला ओढ़े खड़ी थी।
कच्चे पक्के बाल हैं, उसके, मुखड़ा है सुहाना...

कुछ दिन पहले इस पहेली की याद मुझे उस समय अचानक आई जब इसी बिम्ब को उलटकर रखनेवाली एक पहेली मैंने एक शैक्षणिक पत्रिका में देखी। यह पहेली एक शैक्षणिक पत्रिका में न छपकर किसी अपराध-पत्रिका में छपी होती, तो भी चौंकाती। इस पहेली से चौंकना भी शायद हमारे समय का पैमाना ही है। किसी और समय में वह लोगों को स्तब्ध कर देती, माता-पिताओं और शिक्षकों को गुस्से से भरकर यह पूछने के लिए उकसाती कि पहेली किसने रची और छप कैसे गई। आज वह हमें सिर्फ चौंका सकती है तो इसीलिए क्योंकि उसमें इस्तेमाल किया गया वीभत्स बिम्ब इस पहेली के रचयिता की कल्पना या सूझ-बूझ में कैद नहीं है। वह दूर-दूर फैला है। अखबार से लेकर इंटरनेट की सैकड़ों वेबसाइटों में हम उसकी अनुकृतियाँ ढूँढ़ सकते हैं। यह पहेली स्त्री की पुनर्रचना के लिए कुछ एकदम नया नहीं कर रही, बस कुछ अनगढ़, कुछ अनपढ़ तरीके से कर रही है। पहेली यह है–

बाल नीचे कपड़े फटे,
सारे मोती लिए उतार।
यह आफत कैसी आई,
जो नंगी कर दी नार।

इस पहेली के शब्द हमें एक क्षण ठिठकाने के लिए स्वयं में सक्षम हैं, मगर पिछली पहेली से तुलना करके हम ज्यादा खरे नतीजों पर पहुँच सकते हैं। पिछली पहेली दरअसल इसी पहेली का एक वैकल्पिक पाठ है। दोनों का उत्तर एक है, बस इस उत्तर को छिपाने के लिए इस्तेमाल किए गए बिम्ब परस्पर पूरी तरह विपरीत हैं। पहले पाठ

में हम भुट्टे को अपने आवरण में लिपटा, पौधे में लगा देखते हैं। दूसरे पाठ में भुट्टा खा लिया गया है। इस पाठ में प्रयुक्त हिंसा के बिम्ब भुट्टे को खाने की निहायत सामान्य कार्रवाई से जुड़े हैं। इस पहेली को पढ़ने से पहले मैंने कभी नहीं सोचा था कि भुट्टा खाने में कितनी चीर-फाड़ शामिल रहती है। मक्की के दाने उतारना और चबाना भी अब तक एक सहज कर्म, एक मन्थर भराव होता था। बरसात के आकाश के नीचे, उमस से भरी हवा में बैठी औरत कोयलों पर भुट्टा सेंककर नीबू और नमक लगाकर देती थी, इस वर्ष भी देगी। पर मुझे उस खलबली से सचेत रहना होगा जो पहेली ने सायास बाहर ला दी है। तभी मैं वे सैकड़ों दाने चैन से खा सकूँगा। बगैर इस पहेली के रचना-जगत के प्रति चैतन्य हुए मैं इस हिंसा से अलग नहीं हो सकता जो अब हमारे हर भोले-भाले कृत्य में प्रवेश कर गई है।

आधुनिक हिंसा की विशेषता है कि वह सिर्फ कुरुक्षेत्र में नहीं घटती। वह हमारे उसी कमरे में हमारी सहमति से घटती है जहाँ हम अपने बच्चों के साथ खेलते और खाते हैं। हमें जिन लोगों से सड़क पर मिलना भी गवारा न हो, वे सीधे-सीधे हमारी बैठक में घुसे चले आते हैं और वहाँ इत्मीनान से बलात्कार करते हैं, खून बहाते हैं, फिर शेखी बघारते हुए अपनी सुविधा से दुबारा आने की बात बताकर चले जाते हैं। आप कह सकते हैं कि यह तो कल्पना की दुनिया है। पर उस प्रवाह पर आप क्या कहेंगे जो हर वक्त हमें उपभोग पर आमादा बनाए रखता है ? भाषा का ऐसा इस्तेमाल मनुष्य के इतिहास में पहले कभी नहीं हुआ कि हर शब्द उसे ललचाए, इतना लुभाए कि गुजरता हुआ क्षण इस कारण बेमानी हो जाए कि अगले क्षण में पिछले से ज्यादा बड़ा उपभोग करने की लालसा भर दी जाए। इस अनवरत चाह से स्त्री-पुरुष दोनों जलाए जाते हैं, पर अन्तिम स्पर्धा में पुरुष ही बचा रहता है क्योंकि वह उपभोक्ता स्त्री का भी उपभोक्ता करार दिया जाता है। बाजार का शिखर-स्वामी वही है। उसी की कल्पना की नदी लाखों माध्यमों को शब्द और बिम्ब देती है। वह चाहे तो स्त्री को माँ बना दे। चाहे तो बाँझ। उसकी सत्ता अकाट्य है।

सौ-सवा सौ वर्ष हुए, जब पुरुष की अकाट्य सत्ता का औचित्य सन्देह के दायरे में आया। अवश्य इस सन्देह का सम्बन्ध स्वाधीनता की वृहत्तर चेतना से था। भतेरे लोग आज भी इस वृहत्तर चेतना के प्रभावों को निर्णायक नहीं मानते और आज की स्थितियों के हल सोलहवीं सदी के सन्दर्भ में ढूँढ़ते हैं। वे मानें या न मानें, औपनिवेशिक हुकूमत के खिलाफ भारतीय जन का संघर्ष राजनैतिक ही नहीं, सामाजिक सन्दर्भों में भी निर्णायक था। समाज और उसकी पारम्परिक संस्थाओं में ताकत के बँटवारे पर प्रश्न उठाने की प्रेरणा स्वतन्त्रता की वृहत्तर प्रेरणा के दायरे में ही उठी। स्त्री को पुरुष के बराबर मनुष्य मानने की जिद साँवले को गोरे और अछूत को सवर्ण के बराबर दर्जा दिलाने की जिद से अलग नहीं थी। इन जिदों के दसियों हजार हश्र हुए। जिद हमेशा पूरी और हश्र अधूरे हुआ करते हैं। इतिहास की लम्बी लहरों में डूबते-उतराते ये हश्र कभी हमें उत्फुल्ल कर देते हैं, तो कभी बिल्कुल निराश। आदमी की सीमा है कि वह

इतिहास की लहर का आदि और अन्त नहीं देख सकता। उसे लहर के अस्थिर जल में ही जीना होता है। इसलिए हम कभी यकीनन नहीं कह पाते कि हम कहाँ हैं। अन्दाज का सहारा लेना जरूरी हो जाता है।

इसी सहारे से यह कहना सम्भव है कि बराबरी और आजादी की लड़ाई स्त्री के लिए आज आत्मरक्षा की लड़ाई बन चुकी है। पुरुष की अकाट्य सत्ता में कमी आने के सार्वजनिक संकेत उभरते ही प्रतिहिंसा भभक उठी है। उसके रूप विविध हैं, स्थान अनगिनत। एक विशाल गृहयुद्ध चल रहा है और स्त्री उसमें इस क्षण हारती-सी दिखती है। कोई भी घटना, कोई भी जगह चुनें, इस नतीजे के लिए तैयार रहें। सरगुजा में एक घटना कॉलेज में घटी। कॉलेज अपने आपमें बराबरी की लड़ाई का एक बड़ा अड्डा रहा है। जिसे उच्च शिक्षा कहते हैं, वहाँ तक पहुँचना आज की लड़कियों के लिए भी आसान नहीं है, पैंतीस वर्ष पहले सरगुजा जैसी जगह में लगभग असम्भव था। सरगुजा के कॉलेज में तीन-चार युवक जीप पर सवार घुसे और एक पैदल लड़की को सहमाते हुए आगे बढ़े। थैला गिर जाने पर लड़की ने उन्हें टोका और कहा कि वे सँभलकर जीप चलाएँ। यह सुनकर वे चौंके और उसके पीछे पड़ गए। वह चीखती हुई भागी, पर बच न सकी। युवकों ने जीप उसके शरीर पर चढ़ा दी और उसे मार डाला। इस घटना की कानूनी इबारत जो भी हो और अन्ततः जिस भी तरह पढ़ी जाए (आखिर गाँधी की हत्या भी कानून ने विचारधारा से अलग करके पढ़ी), सामाजिक इबारत काफी साफ है। लड़की ने अपनी नागरिकता की सामान्य हैसियत जताई जिसके अनुसार उसे जीप से बचने का हक है। युवकों को लड़की की यह हिमाकत स्वीकार न हुई। उनकी सरल भाषा में लड़की इनसान नहीं थी, जानवर भी नहीं थी, क्योंकि जानवर विरोध नहीं करता। युवकों की पुरुष-भाषा में लड़की को उसकी मूलभूत हैसियत जीप के पहियों तले कुचली जाकर ही मालूम हो सकती थी। इस संवाद में लड़की की मृत्यु हो जाए तो क्या, क्योंकि सन्देश का दायरा उसी लड़की तक सीमित नहीं था।

स्त्री को डराकर ठीक रखने की लम्बी परम्परा मौजूद थी। उसी के टूटने की वास्तविक सम्भावना पैदा होने पर पुरुष अपनी नई भाषा गढ़ने पर आमादा हुआ है। 'फूल और काँटे' जैसी सैकड़ों वीडियो फिल्में इस भाषा के प्रचारार्थ बनाई और दिखाई जा रही हैं। मैंने यह वीडियो फिल्म हरियाणा रोडवेज की बस में देखी। फिल्म क्या थी, विज्ञापनों के बीच बची जगह को भरनेवाले संवाद-गुच्छ थे। शुरू में एक लड़की काफी वाचाल दिखाई गई। फिर एक प्रसंग आया जहाँ नायक कॉलेज के लड़के-लड़कियों की भीड़ के सामने बोला : यह बहुत बोलती है, इसे लिटाना पड़ेगा। सरकारी बस सामान्य गति से चलती रही। किसी संवाद से किसी का चौंकना निषिद्ध-सा था। हुआ भी कुछ नहीं। लड़की एकाध बार चीखकर कम बोलना सीख गई। फिल्मों की भाषा में इस तरह के प्रसंग बेहतर ढंग से दर्ज करनेवाला सिनेमा इधर काफी लोकप्रिय हुआ है। कई निर्देशक स्त्री की मर्यादा स्थापित करने के इरादे से स्त्री को ही मर्यादित करना जरूरी पाते हैं। उनकी समझ में लड़कियाँ बहुत खुल गई थीं। वे गृहयुद्ध के नियम बनाने लगी

थीं। उनकी गतिविधियों का दायरा धूमिल हो चला था। इसीलिए अब दायरे का ज्ञान सिनेमा को देना पड़ा। प्रेम और परिवार के दायरे गड्डमड्ड नहीं होने चाहिए, यह बात 'दिल तो पागल है' की हीरोइन को एक लड़की ही बताती है। अन्य फिल्मों में यह बात भाई या अन्ततः पिता को बतानी पड़ती है। फिल्मों में जाति का जिक्र नहीं होता। जाति के दायरे का जिक्र करके, फिर उसके तोड़े जाने की हद तक प्रेम की सामर्थ्य दिखाकर निर्देशक और निर्माता को सरेआम पिटना है क्या ? पर जो लड़कियाँ जाति की मर्यादा भूलकर असली जीवन में प्रेम कर बैठती हैं, वे कई इलाकों में समाज की स्वीकृति से मरवा डाली जाती हैं; पिछली जाति की हुईं तो नंगी घुमाई जाती हैं और उनके घर जला दिए जाते हैं।

संविधान की राह पर डगमग चलते राज्यतन्त्र ने एक हद तक स्त्री का पक्ष लिया, पर बीसवीं शताब्दी का अन्तिम दशक आते-आते राज्य अचानक थक-सा गया। विश्व पूँजीवाद की रक्षा के लिए 'दुनिया एक है' का नारा उठा। नारे की गरिमा के लिए उपग्रह, मोबाइल, ईमेल और इंटरनेट की सामरिक टेक्नॉलाजी सामान्य उपभोक्ता को मुहैया कराई गई। इन उपकरणों की महिमा स्थापित करने के लिए सूचना को ज्ञान कहा जाने लगा। मुद्दा बुनियादी तौर पर सत्रहवीं सदी वाला था—कि प्राकृतिक संसाधन कहीं भी क्यों न हों, उन्हें प्राप्त करने का हक पैसे वाले को है। इस मोटी बात का दर्शन सूदखोरी की विश्व-स्तरीय संस्थाओं के जरिए फैला तो शब्दों और वादों की बाढ़ में हमारा राज्य भी बह गया। उसने माना कि भौतिक समृद्धि के लिए कोई भी नैतिक बाधा हटाना वाजिब है। माना कि कमजोर को बढ़ावा देने का मतलब देश को रोकना नहीं हो सकता। माना कि धनी और बली का हक है कि वह और धनी व बली बनें। हमें दंडवत् करने की जरूरत नहीं पड़ी; संयोग से हमारा हौसला पहले ही धराशायी था। आलोचकों की कद्र संस्थाबद्ध नहीं हुई थी; अब उसकी जगह वाहवाही को नियमावली में जगह दी गई। नए माहौल में कोई कहने वाला न रहा कि उदारीकरण क्रूर है, भूमंडलीकरण कमजोर को खड़े-खड़े मार रहा है। कमजोर में सबसे कमजोर स्त्री सिद्ध हुई। वह एक विचार के कवच में बोलना, सड़क पर निकलना सीख रही थी। आप कवच को बेच देंगे तो वह मारी जाएगी। यह होना था। हो रहा है।

मेरे कस्बे में बाल-वेश्याएँ नहीं थीं। आज हैं। नंगई की फिल्मों के वीडियो नहीं बिकते थे। अब सुलभ हैं। स्कूल की लड़कियों को उठा ले जाने की घटनाएँ कभी नहीं हुई थीं। पाँच वर्ष पहले ऐसी घटना ऐन स्वतन्त्रता दिवस समारोह के पास हुई और वह लड़की स्कूल की यूनीफॉर्म में थी जब उसके साथ हमारे स्थानीय युवकों ने बलात्कार किया। किसी भाषा का गद्य चन्द वर्षों में इतने पथरीले बदलावों को व्यस्त करने की शालीन शैलियाँ विकसित नहीं कर सकता। पत्रकारिता की भाषा स्थानीय, प्रान्तीय, राष्ट्रीय सभी स्तरों पर 'लड़की बरामद' से आगे नहीं बढ़ी है। न पुलिस के एफ.आई. आर. की भाषा। फिर हम कैसे उस ताजी दहशत को व्यक्त करें जो आज हमारे पिछड़े हुए अंचल में स्त्री को महसूस कराई जाती है ? राज्य को एक ही चिन्ता रह गई दिखती

है—कि व्यभिचार से एड्स फैलेगा, फिर ? विश्व की सेहत का हिसाब रखने वाली संस्थाएँ उसी की रोकथाम के लिए पैसा दे रही हैं, दस्त और रतौंधी हमें सँभालना हो तो खुद सँभालें। इस बीच इंटरनेट झाँसी आ पहुँचा है, जल्दी ही हमारे जिले में भी आ पहुँचेगा। आठ-नौ अक्षर टाइप करके विकसित देशों की पोर्नोग्राफी देखना सम्भव हो जाएगा। एमटीवी पहले से है। वैज्ञानिक शोध बराबर आश्वस्त कर रहा है कि पर्दे पर देखी गई हिंसा का कोई प्रत्यक्ष प्रभाव आम जीवन पर नहीं पड़ता है। न बलात्कार का।

पैसे की नोक से स्त्री को बचाने वाला एक कवच सोवियत संघ था। वह भी बीसवीं सदी के उसी आखिरी दशक में तोड़ा गया। अब उसकी और समूचे पूर्वी यूरोप की औरतें इंग्लैंड और अमरीका में वेश्याई की सम्भावनाएँ तलाशती घूम रही हैं। इस तरह प्रति मास निकलने वाली औरतों की तादाद हजारों में है। गार्डियन वीकली में उनके अनुभव पढ़ते रहने के बावजूद मैं उस समय चौंका जब कनॉट प्लेट में एक रूसी औरत ने राह चलते अपना कॉर्ड जेब से उठाकर झलकाया। संयोग से मैं उस समय उस शोरूम से गुजर रहा था जहाँ कभी सस्ता सोवियत साहित्य बिकता था। एक बार मैंने वहाँ से क्यूबा में छपी एक पुस्तिका खरीदी थी, जिसमें छपा था कि स्त्री को लेकर आदर्शवादी होना इंसानियत का सबसे विश्वसनीय प्रतीक है। इस तरह की बातें रूस से बिकने आई इस औरत ने अवश्य अपनी किशोरावस्था में पढ़ी होंगी, इन बातों को चरितार्थ करनेवाले उपन्यास पढ़े होंगे। पर इन बातों को समाज की व्यवस्था में जगह देने वाली ताकत जिस विचार पर निर्भर थी, वह खुद अपनी जगह न बचा सका। जो लोग बहुत जल्दी में सारा कुछ समझ लेना चाहते हैं, कहते हैं कि वह विचार हवाई था। वे सोचते हैं कि आजकल जिस विचार को अमल में लाने का जतन हो रहा है, वह हवाई नहीं है। यह नया विचार भी वैसा ही वादा कर रहा है जैसा रूस की क्रान्ति के बाद वाले वर्षों में किया गया था : एक नई विश्व व्यवस्था बनेगी। बर्लिन की दीवार का टूटना इस भविष्यवाणी की सच्चाई का संकेत माना गया। टूटने की दसवीं बरसी पर गोर्बाचेव, जार्ज बुश और कोल बर्लिन में जश्न मनाने इकट्ठा हुए। बढ़िया-बढ़िया बातों के बीच गोर्बाचेव ने पूछ ही लिया—"जार्ज, तुम्हारी उस नई विश्व व्यवस्था का क्या हुआ ?" गोर्बाचेव गार्डियन वीकली न भी पढ़ते हों, तो भी रूसी औरतों के व्यापार की जानकारी उन्हें होगी। लन्दन की 'लैप गर्ल्स' की भी होगी जो सभ्य रेस्तराओं में अपने ग्राहक सीधे मेज पर आकर तलाशती हैं।

लाग लपेट का हटना एक बड़ी घटना है और हम यह भी नहीं कह सकते कि हमें आगाह नहीं किया गया। हवा में चेतावनी भरी रही, फिर भी हमने रुककर सोचने को तौहीन माना। एशियाड के समय टीवी के पर्दे पर रंग बिछाने के सवाल पर राज्य की जिम्मेदारी के सवाल उठे थे। वे दरकिनार किए गए। प्रसार भारती बनी, तो भी तय न हो सका कि दिखाने लायक क्या है, कैसे बनाया जाए। मर्यादा और परम्परा को राजनीति के मोहरे बनाने वाले मन्त्री आए, चले गए; एमटीवी जारी रहा। उसकी छवियाँ हमारी जीवन-रीति में घुसकर क्या-क्या हटाती हैं, यह जानने की शब्दावली बनाने के

लिए भी वक्त नहीं है, क्योंकि हमें डर है कोई कार्यक्रम हमसे छूट न जाए। हम आँखें फाड़े देख रहे हैं। अब कार्यक्रम की जरूरत नहीं, रंगीन पर्दा खुद एक शख्सियत है। राजस्थान में कुछेक साल पहले अकाल राहत के कार्यक्रम का ब्यौरा दिया गया था। मजूरी उन्हीं औरतों को देने का प्रावधान था जो ऑपरेशन करा चुकी हों और ऑपरेशन के लिए नियत संख्या से अधिक औरतों को मनवानेवाले जिलाधीशों को रिमोट कंट्रोलवाले रंगीन टी.वी. का पुरस्कार मिलना था।

उन जैसी गरीब औरतें इस दौर में सहम गई हैं। नेशनल बुक ट्रस्ट से छपी पुस्तक 'दूसरी आजादी सेवा' में इला भट्ट ने होंठों से छीलकर मूँगफली के दाने निकालनेवाली स्त्रियों का जिक्र किया है। उनके होंठ इस कदर छिल जाते हैं कि वे एक प्याली चाय भी नहीं पी सकतीं। ये दाने इसी तरह निकाले जाना जरूरी है क्योंकि उन्हें निर्यात होना है। किसी अमरीकी विश्वविद्यालय या कम्पनी के गर्मजोश जमावड़े में व्हिस्की के साथ इन दानों को खानेवाले एक भी दाने का दरका हुआ सिरा बर्दाश्त नहीं कर सकते। वे विश्व खाद्य-शृंखला के शिखर-पशु हैं। हमारी औरतों के होंठ उनके पुष्ट जीवन के लिए छिलते हों तो छिलें। न ही हमारा अपना वाणिज्य मन्त्रालय इसमें कुछ कर सकता है। अलग-अलग विचारधाराओं की सरकारें आई हैं, पर उनके वित्तमन्त्री और वाणिज्यमन्त्री एक ही विचार के रहे, कि निर्यात में ही भारत का भविष्य है। इला भट्ट आगे लिखती हैं : "माल से लदे ठेले को खींचनेवाली स्त्रियों को चलते-चलते गर्भपात हो जाता है, चौराहे पर घुटने के टूट जाने की दुर्घटनाएँ तो जैसे आम बात हैं।...मालभत्ता का अभाव, पति की बुरी लतें, अजाने एकाकी क्षेत्र में बलात्कार का सदा सिर पर झूलता भय, सूदखोरों की, ठेकेदारों की परेशानी, बार-बार वही की वही गौरवभंग की घटनाएँ... ।"

आप किसी व्यक्ति के लिए एक तरह के और दूसरे व्यक्ति के लिए दूसरी तरह के नियम नहीं बना सकते। लेकिन फिर भी हमने आज तक ऐसा होते नहीं सुना कि किसी पति ने अपनी मृतक पत्नी की चिता पर चढ़कर आत्म-बलिदान किया हो। पाठक क्षमा करेंगे; मैंने इन दो वाक्यों को उद्धरण चिह्नों से नहीं घेरा। यदि घेरा होता और उस आदमी का नाम भी बता दिया होता जिसने ये वाक्य मूलतः लिखे थे तो इस बात की सम्भावना बहुत ज्यादा बढ़ जाती कि उनके निहितार्थ पर कई पाठक गौर न करते। पहले वाक्य में जब हम 'व्यक्ति' शब्द दो बार पढ़ते हैं और यदि हम पुरुष हैं तो हम दोनों बार 'व्यक्ति' की कल्पना पुरुष के रूप में करते हैं। बहुत मुमकिन है, कई स्त्रियाँ भी ऐसा करें। मैं साल-दर-साल लड़कियों को पढ़ाने के अनुभव से जानता हूँ कि वे 'व्यक्ति' का जिक्र आने पर पुरुष की छवि बनाने के लिए किस कदर समाजीकृत हो चुकी होती हैं। स्त्री को व्यक्ति बनने के लिए इन्दिरा गाँधी या झाँसी की रानी होना पड़ता है, और झाँसी की रानी को भी कवयित्री ने 'मर्दानी' की संज्ञा दी है। हर स्त्री उतनी ही व्यक्ति है जितना कि हर पुरुष, यह मानकर चले बिना हम इस पैराग्राफ के शुरू में लिखे दूसरे वाक्य के लिए अपेक्षित तैयारी नहीं कर सकते। तैयारी के बिना लाज़मी है कि अनेक पाठक इस वाक्य को एक ऐसे आदमी की लफ़्फ़ाजी मानकर खारिज कर दें जो भारतीय

परम्परा और भारतीयता की जड़ों से कट गया है या कभी जुड़ा ही नहीं। इन्हीं पाठकों का ध्यान यहाँ तक खींचते चले आने के लिए मैंने यह बात छिपाई थी कि दोनों वाक्य महात्मा गाँधी ने लिखे थे और गाँधी का यह उद्धरण इस वर्ष के गणतन्त्र दिवस की पूर्व-सन्ध्या पर राष्ट्रपति के.आर. नारायणन् ने अपने भाषण में दिया था। इसी भाषण में राष्ट्रपति ने द्रौपदी के समय से चली आ रही, स्त्री को व्यक्तिगत, सामाजिक अथवा राजनैतिक बदले की भावना से सार्वजनिक रूप में अपमानित करने की परम्परा का जिक्र किया था।

परम्पराओं का आदर और संरक्षण करने की गुहार के इस युग में किसी परम्परा को तोड़ने की जरूरत का उल्लेख अवश्य प्रतिवाद को जन्म देगा। प्रतिवाद हो तो अच्छा है, क्योंकि तब हम उन तमाम घटनाओं का एक राष्ट्रीय कोश बनाने की माँग कर सकेंगे जो आज एक नई अर्थ-व्यवस्था के निर्माण की जल्दी में छिपाई जा रही हैं या स्वयं ही छिप जाती हैं। हम उन विवरणों को खुली हवा में उछाल सकेंगे जिनके लिए लेखकों के पास, स्वयं स्त्री-लेखकों के पास, समय नहीं है। लेखक स्त्रियाँ आज हमसे अलग नहीं हैं। उन्हें भी इसी व्यवस्था में जीना है, अपने लिए अवसरों की तलाश करनी है। वैसे भी यह अनुचित है कि उनसे यह अपेक्षा विशेष रूप से की जाए कि वे हमें स्त्री का हाल बताएँ। स्त्री का हाल हमारे हाल से अलग नहीं है। वह जिस नजर से देखी जाती है, हमारी है। आश्वस्त, फिर भी परेशान और कभी-कभी घबराई हुई, वह लगातार हमारे साथ है। गृहयुद्ध में वह हमारे साथ लड़ रही है। इस गृहयुद्ध का अन्त वह अकेले नहीं कर सकती। राष्ट्रपति ने अपने भाषण में सामाजिक या राजनैतिक बदला लेने के लिए स्त्री का अपमान करने की परम्परा का जिक्र किया था। उस परम्परा के उलट आज जश्न मनाने के लिए स्त्री पर हिंसा की घटनाएँ सुनने में आ रही हैं। ये घटनाएँ विशेषकर युवजनों की बस्ती में घटी हैं; इस नाते वे गृहयुद्ध की एक नई बुनावट का संकेत हैं। जयपुर विश्वविद्यालय में एक युवक की भर्ती पुलिस में हो जाने पर बतौर उत्सव मनाने के लिए किया गया सामूहिक बलात्कार न कोई साधारण कृत्य है, न असाधारण। उसे भुलाकर या कानूनी संस्थानों की तरह विवरणजाल में कसकर हम भविष्य की तैयारी नहीं कर सकते। दिल्ली के रामजस कॉलेज में प्रवेश के समय किए जानेवाले हुल्लड़ यानी रैगिंग में कुछ लड़कियों के कपड़े उतार देनेवाले छात्रों को लम्बी जाँच-पड़ताल के बाद सौ-सौ रुपए दंड देना पड़ा था। इन प्रसंगों को स्मृति की रोशनी में बनाए रखकर ही सुधरे हुए बर्ताव की कल्पना की जा सकती है। स्त्री-मुक्ति का शास्त्र हमें सुधार नहीं सकता। सुधार तो रोजाना की चेतना में ही जीता-मरता है। कोई चीत्कार, कोई कार्यक्रम या सिद्धान्त कभी किसी रिसाव को बन्द नहीं कर सका।

●●●